JN000354

建築保全標準・同解説

JAMS 1-RC 　一般共通事項——鉄筋コンクリート造建築物
JAMS 2-RC 　点検標準仕様書——鉄筋コンクリート造建築物

2021

Japanese Architectural Maintenance Standard
JAMS 1–RC 　General
JAMS 2–RC 　Standard Specification for Inspection

2021 制 　定

日本建築学会

本書のご利用にあたって

　本書は，材料施工委員会・改修工事運営委員会による審議を経た原案に対して，公平性・中立性・透明性を確保するために査読を行い，取りまとめたものです．本書は，作成時点での最新の学術的知見や長年蓄積されてきた経験・実績をもとに，目標性能やそれを具体化する技術的手段の標準を示したものであります．利用に際しては，本書が最新版であることを確認いただき，かつ，規定の前提条件，範囲および内容を十分に理解ください．なお，本会は，本書に起因する損害に対して一切の責任を負いません．

ご案内

　本書の著作権・出版権は(一社)日本建築学会にあります．本書より著書・論文等への引用・転載にあたっては必ず本会の許諾を得てください．
Ⓡ＜学術著作権協会委託出版物＞
　本書の無断複写は，著作権法上での例外を除き禁じられています．本書を複写される場合は，学術著作権協会（03-3475-5618）の許諾を受けてください．

一般社団法人　日本建築学会

「建築保全標準・同解説（鉄筋コンクリート造建築物）」の発刊に際して

　資源・エネルギーの大量消費や環境問題等を背景として，従来のフロー型社会から脱却して「よい建築物をつくり，きちんと手入れして，長く大切につかう」ストック型社会への移行が求められている．

　本会材料施工委員会は主要な活動として，日本建築学会建築工事標準仕様書・同解説（JASS）を制定および改定してきた．JASS は絶版になったものを含めると全部で 30 あり，我が国における建築工事の施工標準として受け入れられ，建築物の質的向上と合理化に貢献してきた．JASS は新築工事を対象としており，点検，調査・診断，補修・改修設計，補修・改修工事の部分に関しては，規準や標準仕様書の整備が遅れていた．

　一方で，本会材料施工委員会は，規準や標準仕様書のレベルには到達していないものの建築保全へのニーズの高まりに対応して「建築物の調査・劣化診断・修繕の考え方（案）・同解説」（1993），「外壁改修工事の基本的な考え方（湿式編）」（1994），「鉄筋コンクリート造建築物の耐久性調査・診断および補修指針（案）・同解説」（1997），「外壁改修工事の基本的な考え方（乾式編）」（2002），「建築物の改修の考え方」（2002），「建築物の調査・診断指針（案）・同解説」（2008），「内外装改修工事指針（案）・同解説」（2014）等の指針類を発刊してきた．

　このような指針類の整備と並行して，2007 年本会大会時に材料施工部門研究協議会「維持保全技術の現状と今後の課題」が開催され，材料施工委員会が保全技術の標準化に対する取組みをより一層進めること，補修改修工事に関する標準仕様書等を検討する時期にきていること等が指摘された．この研究協議会の指摘を受けて，材料施工委員会傘下に「改修工事標準仕様書検討小委員会」（2009～2010 年度）を設置し，作成すべき規準および標準仕様書の内容，タイムスケジュール，研究体制等について検討した．そして，始めに鉄筋コンクリート造建築物を対象とすることとした．2011 年度からは「改修工事運営委員会」を設置し，傘下に「維持保全計画・保守点検小委員会」，「調査・診断小委員会」および「改修設計・改修工事小委員会」を設置して，具体的な規準および標準仕様書の作成に着手した．そして，2012 年度日本建築学会大会では「建築改修工事標準仕様書の制定に向けて」と題した材料施工部門研究協議会を開催し，規準および標準仕様書の内容に関する会員からの意見を収集した．その後，作業を継続して 2016 年度に，「一般共通事項」，「点検標準仕様書」，「調査・診断標準仕様書」，「補修・改修設計規準」，「補修・改修工事標準仕様書」から構成される「建築保全標準（鉄筋コンクリート造建築物）」の本文案を作成した．

　2017 年度日本建築学会大会では「建築保全標準の作成に向けて」と題した材料施工部門の研究協議会を開催し，作成した規準および標準仕様書の本文案を示し，会員からの意見を収集した．その後，会員からの意見や査読意見を参考に解説執筆および全体調整を行い，2019 年度に「JAMS 1

-RC　一般共通事項——鉄筋コンクリート造建築物」,「JAMS 2-RC　点検標準仕様書——鉄筋コンクリート造建築物」,「JAMS 3-RC　調査・診断標準仕様書——鉄筋コンクリート造建築物」,「JAMS 4-RC　補修・改修設計規準——鉄筋コンクリート造建築物」,「JAMS 5-RC　補修・改修工事標準仕様書——鉄筋コンクリート造建築物」から構成される「建築保全標準・同解説（鉄筋コンクリート造建築物）」を完成した.

　JASS では工事ごとに建築工事標準仕様書の制定および改定作業が進められるが,「建築保全標準・同解説（鉄筋コンクリート造建築物）」の作成過程では躯体関係者,内外装仕上げ関係者,防水関係者間の垣根を超えた活発な議論があったことを付記したい.「建築保全標準・同解説（鉄筋コンクリート造建築物）」は,本会が初めて刊行する建築保全に係る規準および標準仕様書である.不十分な点もあると考えられるが,発刊したうえで皆様の意見をいただき,更に充実した改定版を作成したいと考えている.「建築保全標準」の重要性は今後ますます高まると考えられる.会員からの活発な意見を期待したい.更に,鉄骨造建築物や木造建築物を対象とした「建築保全標準」についても検討を進める予定である.

　最後に,長期間にわたって「建築保全標準・同解説（鉄筋コンクリート造建築物）」の制定に携わった執筆者および関係委員の皆さんに深く感謝する.

　2021 年 2 月

一般社団法人　日 本 建 築 学 会

「JAMS 1-RC　一般共通事項——鉄筋コンクリート造建築物」制定の趣旨

　「建築保全標準・同解説」は，建築物の機能および性能を維持または改良することを目的に，建築物の供用期間を通じて行う保全行為について定めており，「保全」は，保全計画の作成，点検・保守，調査・診断，補修・改修設計ならびに補修・改修工事などの行為からなる.

　「JAMS 1-RC　一般共通事項——鉄筋コンクリート造建築物」（以下，本書）は「建築保全標準」の一部として制定されたものであり，「JAMS 2-RC　点検標準仕様書——鉄筋コンクリート造建築物」，「JAMS 3-RC　調査・診断標準仕様書——鉄筋コンクリート造建築物」，「JAMS 4-RC　補修・改修設計規準——鉄筋コンクリート造建築物」ならびに「JAMS 5-RC　補修・改修工事標準仕様書——鉄筋コンクリート造建築物」に共通する事項，すなわち鉄筋コンクリート造建築物の「建築保全標準」における各仕様書および規準の位置付け，適用範囲，用語，ならびに保全計画などについて定めたものである.

　そのため，本書は，本会編「建築工事標準仕様書・同解説 JASS 1　一般共通事項」と同等の位置付けとなるものと考えてよい.

　本会材料施工委員会は，建築物の保全に関連した出版物として，「建築物の耐久計画に関する考え方」（1988），「建築物の調査・劣化診断・修繕の考え方（案）・同解説」（1992），「外壁改修工事の基本的な考え方」（湿式編は 1994，乾式編は 2001），「建築物の改修の考え方・同解説」（2001），「建築物・部材・材料の耐久設計手法・同解説」（2002），「建築物の調査・診断指針（案）・同解説」（2007），および「内外装改修工事指針（案）・同解説」（2014）等を，また，鉄筋コンクリート造建築物を対象としたものとして，「鉄筋コンクリート造建築物の耐久性調査・診断および補修指針（案）・同解説」（1997）等を発刊している.

　さらに，国土交通省大臣官房官庁営繕部「公共建築改修工事標準仕様書（建築工事編）」および「建築改修工事監理指針」，UR 都市機構「保全工事共通仕様書」等，建築物の補修・改修に関して，すでに標準化されているものもある.

　一方，新築建築物に関しては，建築工事において標準とされる「建築工事標準仕様書（JASS)」をはじめ，多くの関連指針の制定・改定しているが，既存建築物に関する類似の標準とされるものがなかった.

　上述の背景を踏まえて，以下の方針に則り本書を制定した.

　　① 建築保全の適用範囲，基本方針，保全の手順ならびに用語等について示す.

　　② 建築保全において最も重要な役割を果たす保全計画の作成について規定するとともに，保全計画の作成に関わる建築物の所有者や保全計画作成者の役割についても規定する.

　制定にあたっては，2011 年度に設置された「改修工事運営委員会」の傘下の「維持保全計画・保守点検小委員会」（2020 年度現在，維持保全計画・保守点検仕様書作成小委員会）において，検

討を行った.

　最後に，本書は，現在のところ，鉄筋コンクリート造の建築物のみを対象としているが，将来，木造，鉄骨造等の鉄筋コンクリート造以外の建築物の建築保全標準についても順次拡張，提案していく予定であり，それらの参考となることを期待している.

2021 年 2 月

一般社団法人　日 本 建 築 学 会

「JAMS 2-RC 点検標準仕様書——鉄筋コンクリート造建築物」制定の趣旨

「JAMS 2-RC 点検標準仕様書——鉄筋コンクリート造建築物」(以下，本書) は鉄筋コンクリート造建築物に関する「建築保全標準」の一部として制定されたものであり，本書は，「改修工事運営委員会」の傘下に 2011 年度に設置された「維持保全計画・保守点検仕様書作成小委員会」(2020年度現在，維持保全計画・保守点検仕様書作成小委員会) において，検討を行った.

本会材料施工委員会は，建築物の保全に関連した出版物として，「建築物の耐久計画に関する考え方」(1988)，「建築物の調査・劣化診断・修繕の考え方 (案)・同解説」(1992)，「外壁改修工事の基本的な考え方」(湿式編は 1994，乾式編は 2001)，「建築物の改修の考え方・同解説」(2001)，「建築物・部材・材料の耐久設計手法・同解説」(2002)，「建築物の調査・診断指針 (案)・同解説」(2007)，および「内外装改修工事指針 (案)・同解説」(2014) 等を，また，鉄筋コンクリート造建築物を対象としたものとして，「鉄筋コンクリート造建築物の耐久性調査・診断および補修指針 (案)・同解説」(1997) 等を発刊している.

さらに，国土交通省大臣官房官庁営繕部「公共建築改修工事標準仕様書 (建築工事編)」および「建築改修工事監理指針」，UR 都市機構「保全工事共通仕様書」等，建築物の補修・改修に関して，すでに標準化されているものもある.

これらの中で，「点検」に関する記述あるいは規定はなされているものの，点検についてのみ標準化された仕様書に類するものはこれまで無かった.

本書は，鉄筋コンクリート造建築物の「点検」に適用される標準仕様書である. 点検は，本標準では，保全計画の策定の次の段階で行わる保全行為として位置付けられており，本標準において重要な役割をもつものである.

上述の背景を踏まえて，以下の方針に則り本書を制定した.
  ① 建築保全における点検の目的，種類および範囲を示す.
  ② 点検をその頻度および必要性によって区分し，その内容を規定する.

最後に，本書は，現在のところ，鉄筋コンクリート造の建築物のみを対象としているが，将来，木造，鉄骨造等の鉄筋コンクリート造以外の建築物の建築保全標準についても順次拡張，提案していく予定であり，それらの参考となることを期待している.

2021 年 2 月

一般社団法人 日 本 建 築 学 会

本書作成関係委員 (2021年2月)

― （五十音順・敬称略） ―

材料施工委員会

委員長	橘 高 義 典			
幹 事	黒 岩 秀 介	輿 石 直 幸	野 口 貴 文	横 山 裕
委 員	（省略）			

改修工事仕様書検討小委員会 （2009.4〜2011.3）

主 査	桝 田 佳 寛			
幹 事	本 橋 健 司			
委 員	井 上 照 郷	鹿 毛 忠 継	兼 松 学	川 西 泰一郎
	黒 田 泰 弘	輿 石 直 幸	近 藤 照 夫	野 口 貴 文
	本 橋 健 司			

改修工事運営委員会

主 査	本 橋 健 司			
幹 事	兼 松 学	野 口 貴 文		
委 員	岡 本 肇	鹿 毛 忠 継	黒 田 泰 弘	輿 石 直 幸
	近 藤 照 夫	白 井 篤	永 井 香 織	（畑 中 聡）
	濱 崎 仁	福 岡 和 弥	堀 長 生	桝 田 佳 寛
	山 田 義 智	湯 浅 昇		

維持保全計画・保守点検仕様書作成小委員会

主 査	鹿 毛 忠 継			
幹 事	野 口 貴 文			
委 員	井 上 照 郷	大 隈 健 五	兼 松 学	（桑 原 太刀男）
	古 賀 純 子	近 藤 照 夫	高 倉 智 志	土 屋 直 子
	中野谷 昌 司	（畑 中 聡）	（福 岡 和 弥）	濱 崎 仁
	渕 田 安 浩	桝 田 佳 寛	武 藤 正 樹	本 橋 健 司
	（植 木 暁 司）			

用語ワーキンググループ

主 査	白 井 篤			
幹 事	土 屋 直 子			
委 員	井 上 照 郷	岡 本 肇	兼 松 学	清 水 昭 之

調査・診断仕様書作成小委員会

主　査　野　口　貴　文

幹　事　兼　松　　　学　濱　崎　　　仁

委　員　今　本　啓　一　太　田　達　見　古　賀　一　八　興　石　直　幸
　　　　小　山　明　男　近　藤　照　夫　下　澤　和　幸　田　中　　　斉
　　　　都　築　正　則　永　井　香　織　西　脇　智　哉　山　本　佳　城

改修設計・改修工事仕様書作成小委員会

主　査　本　橋　健　司

幹　事　黒　田　泰　弘　興　石　直　幸　永　井　香　織

委　員　井　上　照　郷　大　隈　健　五　岡　本　　　肇　小　川　晴　果
　　　　兼　松　　　学　久保田　　　浩　（桑　原　太刀男）　近　藤　照　夫
　　　　白　井　　　篤　（鈴　木　史　朗）　（谷　口　政　和）　濱　崎　　　仁
　　　　横　山　　　裕

躯体補修ワーキンググループ

主　査　黒　田　泰　弘

幹　事　濱　崎　　　仁

委　員　阿知波　政　史　井　上　和　政　位　田　達　哉　（大　隈　健　吾）
　　　　親　本　俊　憲　掛　川　　　勝　梶　田　秀　幸　城　所　　　健
　　　　桑　原　太刀男　（佐々木　　　崇）　白　井　　　篤　（鈴　木　史　朗）
　　　　（谷　川　　　伸）　（谷　口　正　和）　（藤　田　克　己）　（松　林　裕　二）
　　　　宮　口　克　一　持　田　泰　秀

内外装改修ワーキンググループ

主　査　近　藤　照　夫

幹　事　岡　本　　　肇　小　川　晴　果

委　員　井　上　照　郷　奥　田　章　子　久保田　　　浩　永　井　香　織
　　　　名　知　博　司　和　田　　　環

防水改修ワーキンググループ

主　査　興　石　直　幸

幹　事　小　川　晴　果　中　沢　裕　二

委　員　（榎　本　教　良）　岡　本　　　肇　北　清　敏　之　古　賀　純　子
　　　　島　田　憲　章　清　水　祐　介　鈴　木　　　博　（高　橋　　　明）
　　　　（千　葉　　　清）　中　村　修　治　（古　市　光　男）　＊（　）内は元委員

解説執筆委員

JAMS 1-RC　一般共通事項——鉄筋コンクリート造建築物

全 体 調 整
　　　　　鹿 毛 忠 継　　野 口 貴 文

1章 総　　　則
　　　　　鹿 毛 忠 継　　古 賀 純 子　　土 屋 直 子

2章 保 全 計 画
　　　　　鹿 毛 忠 継　　高 倉 智 志

JAMS 2-RC　点検標準仕様書——鉄筋コンクリート造建築物

全 体 調 整
　　　　　鹿 毛 忠 継　　野 口 貴 文

1章 総　　　則
　　　　　中野谷 昌 司　　渕 田 安 浩

2章 日 常 点 検
　　　　　中野谷 昌 司　　渕 田 安 浩

3章 定 期 点 検
　　　　　中野谷 昌 司　　渕 田 安 浩

4章 臨 時 点 検
　　　　　中野谷 昌 司　　渕 田 安 浩

建築保全標準・同解説

JAMS 1-RC　一般共通事項
——鉄筋コンクリート造建築物

目　　次

建築保全標準・同解説

JAMS 2-RC 点検標準仕様書
——鉄筋コンクリート造建築物

目　　次

JAMS 1-RC　一般共通事項

——鉄筋コンクリート造建築物

日本建築学会建築保全標準

JAMS 1-RC 一般共通事項——鉄筋コンクリート造建築物

1章 総 則

1.1 適用範囲

a．建築保全標準（鉄筋コンクリート造建築物編）（以下，本標準という）は，鉄筋コンクリート造建築物の構造体，外装仕上げ，防水およびそれらに付設された工作物について，その機能および性能を使用目的に適合するよう維持または改良する一連の保全に適用する．

b．本標準は，一般共通事項，点検標準仕様書，調査・診断標準仕様書，補修・改修設計規準，補修・改修工事標準仕様書からなる．

c．本標準は，保全計画の作成，点検，調査・診断，補修・改修設計，および補修・改修工事など一連の保全行為について定める．

d．一般共通事項は，保全に共通する事項，保全の遂行にあたって必要とされる一般的な事項，および保全計画の作成について定める．

e．本標準における一般共通事項と一般共通事項以外の内容に差異がある場合は，一般共通事項以外の内容を優先する．

1.2 基本方針

a．建築物の全体またはその部分は，供用期間において，所要の機能および性能が使用目的および要求に適合するよう保全されなければならない．

b．本標準の適用にあたっては，建築基準法第8条（維持保全），同第12条（報告，検査等），およびその他の関連法規等を遵守し，その他関係する法律，およびそれらに基づく法令等を遵守し，関係官公署その他の関係機関への必要な手続き等を遅滞なく行う．

c．本標準に採用した規格・仕様書等による規定は，本標準と同等の効力があるものとする．ただし，それらの規定が本標準の規定と異なる場合は，本標準の規定を優先して適用する．

1.3 保全の手順

a．保全の手順は，図 1.1 による．

b．保全計画は，2章に基づき作成する．

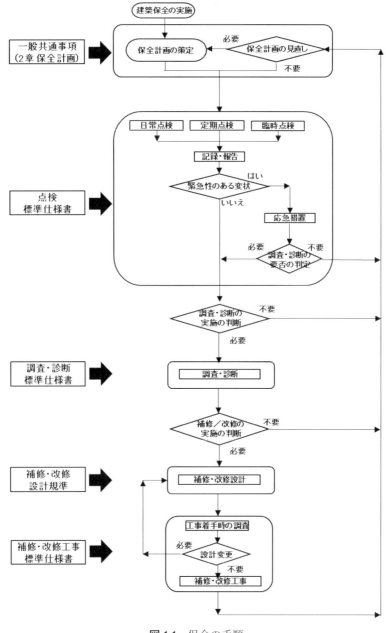

図 1.1　保全の手順

c．点検は，「点検標準仕様書」により，必要な保守も行う．なお，点検実施者による調査・診断の要否の判定に基づき，調査・診断が必要であると報告された場合，所有者は調査・診断を実施するか否かを判断する．

d．調査・診断は，「調査・診断標準仕様書」による．なお，調査・診断者による補修・改修の要否の判定に基づき，補修・改修が必要であると報告された場合は，所有者は補修・改修を実施するか否かを判断する．

e．補修・改修設計は，「補修・改修設計規準」による．

f．補修・改修工事は，「補修・改修工事標準仕様書」による．

1.4 用 語

本標準で使用する用語は，表1.1に示すとおりである．その他の用語の意味については，本会編建築工事標準仕様書（JASS），および関連する指針などによる．

表 1.1 本標準に関する用語

用語	意 味
保全	建築物の全体または部分の機能および性能を，使用目的および要求に適合するよう維持または改良する諸行為
点検	建築物の変状の有無を把握する行為．保守を含む．
調査	劣化および不具合の程度の評価，補修・改修の要否の判定，補修・改修の設計および工事，ならびに補修・改修後の保全のために必要な情報の収集・整理・確認を行うこと．
診断	調査結果に基づき，劣化および不具合の程度の評価，補修・改修の要否の判定，ならびに必要に応じて劣化の原因およびメカニズムの推定を行うこと．
補修	劣化した部位・部材などの性能または機能を実用上支障のない状態まで回復させること．
改修	劣化した部位・部材などの性能または機能を初期の水準以上に改善させること．
保守	対象物の初期の性能および機能を維持する目的で行う，小部品の取替えやねじの締付けなどの軽微な作業．
変状	何らかの原因で，建築物またはその部分に発生している，本来あるべき姿ではない状態．
劣化	物理的，化学的，生物的要因により，建築物またはその部分の組織構造や特性に経時的な変化を生じ，性能が低下すること．
不具合	初期欠陥など，劣化以外の原因で，建築物またはその部分の本来あるべき性能が発揮できない状態．
所有者	建築物の点検，調査・診断，補修・改修設計，補修・改修工事といった一連の保全計画の策定および実施を決定し，建築物を保全するように努める者をいう．契約等により保全行為を依頼する者，または契約等によらないで自らその保全をする者をいう．
設計者	その者の責任において，補修・改修設計のための図書を作成する者をいう．
施工者	補修・改修工事の請負人，または請負契約によらないで自らこれらの工事をする者をいう．
使用者	その建築物を使用している者をいう．居住者，賃貸者，所有者などのこと．
管理者	契約等により，所有者から依頼を受けて建築物の保全業務を務める者をいう．
依頼者	保全に関する業務を依頼する者をいう．所有者または管理者などのこと．
工事監理者	その者の責任において，補修・改修工事を設計図書と照合し，工事が設計図書のとおりに実施されていることを確認する者をいう．
発注者	請負契約により，施工者に対し補修・改修工事の依頼をする者をいう．

1.5 保全に関する情報の収集

保全に関して収集しておく必要がある情報は，次のものとする．

（1） 建設時における設計図書，施工図，竣工図（または完成図），建物台帳など

（2） 点検の記録，調査・診断の報告書，補修・改修の履歴，補修・改修時の設計図書・施工図・竣工図（または完成図）など

（3） その他保全に関する参考資料

1.6 記　　録

a． 保全に関して承認あるいは協議した事項について，それらの経過内容の記録を作成し，当事者間で確認し，必要に応じて建築物の所有者に提出する．

b． 保全行為の実施者は，保全の実施内容について，記録を作成し，整備しておく．建築物の所有者の指示がある場合は，この記録またはその写しを速やかに提出する．

c． 建築物の所有者は，記録の保存を行う．

2章　保　全　計　画

2.1 基 本 事 項

a． 本章は，保全計画の作成に適用する．

b． 建築物については，保全計画を作成することを原則とする．ただし，建築基準法第85条に規定する仮設建築物については，この限りでない．

c． 保全計画は，建築物の所有者，または所有者から依頼を受けた者（以下，保全計画作成者）が作成する．

d． 保全計画作成者は，保全に関して，十分かつ高度な知識・経験を有する者でなければならない．

e． 保全計画作成者は，建築物の所有者と協議し，供用期間と建築物が確保すべき性能や機能を設定する．

f． 保全計画作成者は，必要に応じて，当該建築物の新築時の設計者・施工者，補修・改修時における調査・診断の実施者や設計者・施工者および使用者に計画作成の協力を依頼する．

g． 保全計画作成者は，作成した保全計画を建築物の所有者に提出する．

h． 建築物の所有者は，保全計画の主旨と内容を建築物の使用者に周知するとともに，作成された保全計画を履行する．

2.2 保全計画の作成

a． 設定した水準を満足させるために，点検，調査・診断，補修・改修設計および補修・改修工事が計画的かつ効率的に行えるように，保全計画を長期的視野に立って作成する．

ｂ．保全計画書の内容は次による．

（１）　建築物の利用計画

（２）　保全の目的と方針

（３）　保全の実施体制

（４）　保全の責任範囲

（５）　点検（保守を含む）の計画

（６）　調査・診断の計画

（７）　補修・改修の計画

（８）　図書の作成，保管など

（９）　保全計画の変更（見直し）

ｃ．保全計画書には，保全に関する情報や記録のうち，必要な部分を添付する．

ｄ．建築物またはその部分に瑕疵担保期間および保証期間が設定されている場合は，必要に応じて保全計画書に明示する．

JAMS 2-RC　点検標準仕様書
——鉄筋コンクリート造建築物

日本建築学会建築保全標準

JAMS 2-RC　点検標準仕様書──鉄筋コンクリート造建築物

1章　総　　則

1.1　適 用 範 囲

　本仕様書は，鉄筋コンクリート造建築物の構造体，外装仕上げ，防水，およびそれらに付設された工作物の点検に適用する．

1.2　点検の目的

　点検は，建築物の変状の有無を把握し，建築物の保全に資することを目的とする．

1.3　点検の種類

　点検の種類は，日常点検，定期点検および臨時点検とし，その方法等は，それぞれ2章，3章および4章による．

1.4　点検の範囲

　点検の範囲は，点検の種類により定める．日常点検の範囲は2.2節，定期点検の範囲は3.2節，臨時点検の範囲は4.2節による．

2章　日 常 点 検

2.1　基 本 事 項

　日常点検は，建築物の状態を日常的に把握するとともに，必要に応じて適切な措置を施すことを目的とする．

2.2　日常点検の方法

a．日常点検の方法は，目視を基本とし，建築物の状態を把握する．

b．点検者は，建築物の所有者，管理者またはそれらから依頼を受けた者であって，点検に関する知識を有する者とする．

c．日常点検の頻度および範囲は，特記による．

d．日常点検の結果は，記録する．

2.3 保　　守

　点検者は，日常点検において，確認された変状のうち，軽微な作業により対処できるものについて措置し，その内容を記録し，依頼者に報告する．

2.4 応 急 措 置

　点検者は，部材・部品の落下，飛散等のおそれや漏水がある場合は，応急措置を講ずるとともに，速やかに，その内容を依頼者に報告する．

2.5 報　　告

a．点検者は，日常点検の結果を保守の内容を含め，依頼者に定期的に報告する．
b．点検者は，応急措置を行った場合は，その都度その内容を依頼者に報告する．

3章　定期点検

3.1 基 本 事 項

　定期点検は，建築物の状態を定期的に把握するとともに，必要に応じて適切な措置を施すことを目的とする．

3.2 定期点検の範囲と対象とする変状

　定期点検の範囲と対象とする変状は，特記による．

3.3 定期点検の方法

a．定期点検の方法は，目視を基本とし，必要に応じて簡易な道具を用い，建築物の状態を把握する．
b．点検者は，点検に関する専門的知識を有する技術者とする．
c．定期点検に際しては，保全の履歴を確認する．
d．定期点検の頻度は，特記による．
e．定期点検の結果は，記録する．なお，変状のある場合は，写真による記録も行う．

3.4 保　　守

　点検者は，定期点検において，確認された変状のうち，軽微な作業により対処できるものについて措置し，その内容を記録し，依頼者に報告する．

3.5 応急措置

　点検者は，部材・部品の落下，飛散等のおそれや漏水がある場合は，応急措置を講ずるとともに，ただちに，その内容を依頼者に報告する．

3.6 報　　告

a．点検者は，保守の内容を含めた定期点検の結果を速やかに依頼者に報告する．

b．点検者が応急措置を行った場合は，その内容を依頼者に報告する．なお，調査・診断が必要と判断された場合も，その旨を依頼者に報告する．

4章　臨 時 点 検

4.1 基 本 事 項

　臨時点検は，外壁の剥落，著しい漏水などが発生した場合，または地震，台風，火災等の発生後に，所有者等の依頼に応じて，それらの建築物への影響を把握することを目的として実施する．

4.2　臨時点検の範囲と方法

a．臨時点検の範囲と方法は，3.2（定期点検の範囲と対象とする変状），および3.3（定期点検の方法）による．

b．臨時点検の結果は，記録する．なお，変状のある場合は，写真による記録をする．

4.3 応 急 措 置

　部材・部品の落下，飛散等のおそれや漏水がある場合は，応急措置を講ずるとともに，ただちに，その内容を依頼者に報告する．

4.4 報　　告

　点検者は，変状の有無・内容，および調査・診断の要否を含む臨時点検の結果を速やかに，依頼者に報告する．

JAMS 1-RC 一般共通事項
——鉄筋コンクリート造建築物
解　　説

日本建築学会建築保全標準

JAMS 1-RC　一般共通事項──鉄筋コンクリート造建築物 （解説）

1章　総　　則

1.1　適用範囲

> a．建築保全標準（鉄筋コンクリート造建築物編）（以下，本標準という）は，鉄筋コンクリート造建築物の構造体，外装仕上げ，防水およびそれらに付設された工作物について，その機能および性能を使用目的に適合するよう維持または改良する一連の保全に適用する.
> b．本標準は，一般共通事項，点検標準仕様書，調査・診断標準仕様書，補修・改修設計規準，補修・改修工事標準仕様書からなる.
> c．本標準は，保全計画の作成，点検，調査・診断，補修・改修設計，および補修・改修工事など一連の保全行為について定める.
> d．一般共通事項は，保全に共通する事項，保全の遂行にあたって必要とされる一般的な事項，および保全計画の作成について定める.
> e．本標準における一般共通事項と一般共通事項以外の内容に差異がある場合は，一般共通事項以外の内容を優先する.

　a．建築保全標準（鉄筋コンクリート造建築物編）（以下，本標準という）は，鉄筋コンクリート造（鉄骨鉄筋コンクリート造やその他の構造形式の鉄筋コンクリート造の部分（例えば，住宅用基礎）を含む）の建築物の構造体，外装仕上げ，防水およびそれらに付設された工作物の保全に適用する．なお，ここでいう「付設された工作物」とは，建築物に付設された看板，手すり，設備用架台，外階段，避雷針等をいう．また，建築基準法第8条において求められている「維持保全」（建築物の敷地，構造及び建築設備）のうち，建築設備の保全は対象外とする.

　本標準は，現在のところ，鉄筋コンクリート造の建築物のみを対象としているが，今後，木造，鉄骨造等の鉄筋コンクリート造以外の建築物の建築保全標準についても順次拡張，提案していく予定である.

　b.～d.　本標準は，建築物の機能および性能を維持または改良することを目的に，建築物の供用期間を通じて行う保全行為について定める．保全は，保全計画の作成，点検・保守，調査・診断，補修・改修設計ならびに補修・改修工事などの行為からなり，本標準では，それぞれ一般共通事項，点検標準仕様書，調査・診断標準仕様書，補修・改修設計規準，補修・改修工事標準仕様書において示している．保全のフローおよび本標準における構成は，1.3（保全の手順）で示す図1.1のとおりである．なお，本標準で対象とする建築物の構造体，外装仕上げ，防水およびそれらに付設された工作物について，本標準を通じて全てを対象とはしているわけではない．例えば，ALCパネル

等に施される仕上げについては，点検および調査・診断の対象ではあるが，ALCパネル自体の補修・改修設計および補修・改修工事については，現在のところ本会において，保全に関する標準的な規準・仕様は提示されていないため，本標準では取り扱わない．

　e．本標準における一般共通事項と一般共通事項以外の内容に差異がある場合は，一般共通事項以外の内容を優先する．なお，1.4節に示す用語は，本標準において共通で使用する用語を示している．

1.2　基本方針

> a．建築物の全体またはその部分は，供用期間において，所要の機能および性能が使用目的および要求に適合するよう保全されなければならない．
> b．本標準の適用にあたっては，建築基準法第8条（維持保全），同第12条（報告，検査等），およびその他の関連法規等を遵守し，その他関係する法律，およびそれらに基づく法令等を遵守し，関係官公署その他の関係機関への必要な手続き等を遅滞なく行う．
> c．本標準に採用した規格・仕様書等による規定は，本標準と同等の効力があるものとする．ただし，それらの規定が本標準の規定と異なる場合は，本標準の規定を優先して適用する．

　a．建築物の全体またはその部分は，計画供用期間（使用予定期間）中に，保持すべき機能および性能が確保されていなければならない．そのために，保全は，所要の機能および性能の水準が確保，または改善・向上されるように行わなければならない．保全計画の作成にあたっては，①災害の予防と安全性の確保または改善・向上，②快適かつ衛生的な環境の確保または改善・向上，③建築物の効用・生産性の確保または改善・向上，④建築物の劣化の回復，を主な目標として定める必要がある．さらに，目標の設定にあたっては，省資源・省エネルギーおよび環境負荷の低減，ライフサイクルコストの削減等にも十分に配慮する必要がある．

　解説図1.1に示すように，建築物またはその部分が保持すべき機能および性能の水準は，建築物の機能および性能が使用目的および要求に適合するように設定する．設定にあたっては，本会編「鉄筋コンクリート造建築物の耐久設計施工指針・同解説」[1]等を参考にするとよい．

　なお，解説図1.1における「設計限界状態」および「維持保全限界状態」は，本会編「鉄筋コンクリート造建築物の耐久設計施工指針・同解説」[1]において，それぞれ定義されている．すなわち，「設計限界状態」とは，建築物の構造体および部材に性能の低下を生じさせる劣化状態のうち，耐久設計の段階でそれ以上の低下を許容しえない限界の劣化状態，「維持保全限界状態」とは，建築物の構造体および部材の性能の低下を生じさせる劣化状態のうち，耐久設計の段階でそれ以上低下すると保全が極めて困難になると予想される限界の劣化状態，と定義されている．また，解説図1.1は，前述の指針の解説図2.1.2「建築物の保有性能の経時変化の概念図」[1]を参考に作成したものである．

　ここに示すように，建築物の初期性能は，要求性能はもとより，「設計限界状態」や「維持保全限界状態」よりも高めに設定しておく必要がある．設定すべき初期性能は，建築物に対する保全のあり方に依存しており，例えば，保全をまったく実施しない場合（通常このようなケースはほとん

どなく，推奨されない）に，計画供用期間（この場合は設計耐用年数と同じ）を長くしたい場合は，初期性能をかなり高く設定する必要があり，一般的には不経済になると考えてよい．次に，保全計画を作成し，それを適切に実施する場合は，保全の内容，すなわち点検も含め，補修や改修の内容・水準および回数によって，建築物の残存供用期間が定まる．換言すれば，設定された残存供用期間において，保全によって建築物の性能が要求性能を下回らないようにするには，建築物の性能が維持保全限界状態を下回らない期間内に，何らかの保全を実施する必要がある．また，建築物の供用中に残存供用期間が変更される場合には，保全計画の見直しが必要となる．

　なお，建設時における建築物の残存供用期間は，計画供用期間と同じであり，材料および部材の耐用年数に応じて設定される．単純に示せば，下記のとおり，建築物の残存供用期間は，計画供用期間から経過年数（築年数）を控除した年数で表される．

　　　残存供用期間＝計画供用期間－経過年数（築年数）

　このように，保全計画の作成によって，その時点の建築物の残存供用期間（建設時には計画供用期間）が設定され，材料および部材の残存耐用年数も設定される．

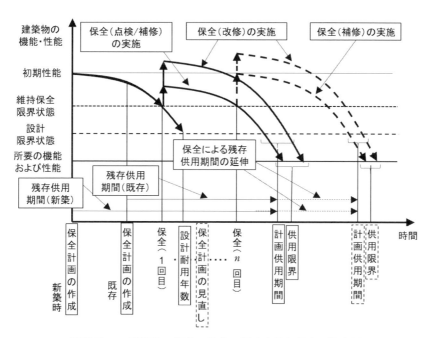

解説図 1.1　建築物の機能・性能の経時変化と保全の概念図

　また，建築物の計画供用期間および材料や部材の耐用年数の長短により，保全計画の内容は異なるため，保全計画の作成において，適切な点検を計画するとともに，調査・診断の結果に応じた適切な補修あるいは改修等を実施することで，計画供用期間を満足させることができる．なお，補修あるいは改修などの保全の実施内容によって，材料や部材の残存耐用年数および建築物の残存計画供用期間が変更（延伸）される場合もあり，結果として，建築物の供用期間が変更される．

　建築物の要求性能がその供用期間中に変更（多くは向上）される場合にも，建築物またはその部分が保持すべき機能および性能の水準は，建築物の使用目的および要求に適合するように設定する．所要の機能および性能の水準の設定については，2章「保全計画」の2.1（基本事項）において詳細に述べる．なお，解説図1.1は，建築物の機能・性能の経時変化と保全の概念を示したものであり，「維持保全限界状態」を下回るような状態で建築物を供用することを推奨しているものではない．

　b．建築物に要求される諸性能の保全については，「建築物の敷地，構造，設備及び用途に関する最低の基準」を定めた建築基準法により，建築物の所有者，管理者または占有者がそれぞれの責任によってなすべきものとして，建築基準法第8条（維持保全）（改正：平成30年6月27日公布，令和元年6月25日施行）の第1項で，「常時適法な状態に維持するように努めなければならない」と規定されており，同条第2項で規定される建築物に関しては，「建築物の所有者，管理者又は占有者は，その建築物の敷地，構造及び建築設備を常時適法な状態に維持するため，必要に応じ，その建築物の維持保全に関する準則又は計画を作成し，その他適切な措置を講じなければならない．ただし，国，都道府県又は建築主事を置く市町村が所有し，又は管理する建築物（以下，国等の建築物）については，この限りでない．」としている．また，建築基準法第12条（報告，検査等）第1項では，一定の建築物について，その所有者等は，定期にその状況を資格者に調査させて，その結果を特定行政庁に報告することが義務付けられている．なお，この「維持保全」に関する準則又は計画については，昭和60年建設省告示第606号（建築物の維持保全に関する準則又は計画の作成に関し必要な指針令和元年6月21日改正）に示されている．一方，官公庁建築物の保全については，別途「官公庁施設の建設等に関する法律」（昭和26年法律第181号（平成16年6月改正））が定められており，「国家機関の建築物及びその付帯施設の保全に対する基準」（平成17年国土交通省告示第551号）が示されている．

　なお，建築基準法第8条に規定している「維持保全」と本標準の「保全」とは，ほぼ同義的に用いられているが，本標準の「保全」は，建築基準法の目的を包含した，より広い範囲を指しており，1.4（用語）に「保全」を定義している．

　また，本標準における点検および調査は，建築基準法第12条における「点検」及び「調査」とは1.4（用語）において区別して定義し，使用しており，両者は必ずしも一致していない．

　建築基準法第12条第1項の「調査」は，「定期調査」といい，「建築物の敷地及び構造についての損傷，腐食その他の劣化の状況の点検を含み」とあり，同項の「点検」は「調査」の一部とされており，さらに，建築基準法施行規則第5条（建築物の定期報告）による特定行政庁への報告が義務付けられている．一方，同条第2項の「点検」は「定期点検」といい，国の機関の長等が管理者である国等の建築物については，報告は不要である．

　c．本標準では，JIS（日本産業規格），JAS（日本農林規格）およびJASS（建築工事標準仕様書）等の規定を採用している場合がある．これらの規定は本標準と同等の効力があるものとする．

1.3 保全の手順

a．保全の手順は，図1.1による．
b．保全計画は，2章に基づき作成する．

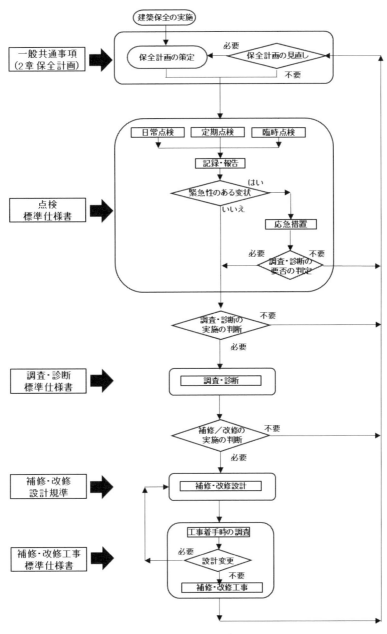

図 1.1 保全の手順

c．点検は，「点検標準仕様書」により，必要な保守も行う．なお，点検実施者による調査・診断の要否の判定に基づき，調査・診断が必要であると報告された場合，所有者は調査・診断を実施するか否かを判断する．

d．調査・診断は，「調査・診断標準仕様書」による．なお，調査・診断者による補修・改修の要否の判定に基づき，補修・改修が必要であると報告された場合は，所有者は補修・改修を実施するか否かを判断する．
e．補修・改修設計は，「補修・改修設計規準」による．
f．補修・改修工事は，「補修・改修工事標準仕様書」による．

　図1.1には本標準における保全の手順が示されている．保全の実施にあたっては，まず，保全計画の作成を行い，その後，保全計画に従い，「点検標準仕様書」に基づく点検（保守を含む）を行うことが基本である．点検によって変状が確認された場合は，緊急性のある変状か否かの判定を点検者が行い，緊急性のある変状であると「判定」された場合は，所有者は応急措置を施すとともに，点検者は，調査・診断の要否を「判定」しなければならない．ただし，応急措置が，軽微な作業により対処できるものについての措置，すなわち保守の範囲と考えられる場合は，必ずしも調査・診断の要否の判定を行う必要はない．

　次に，点検者による調査・診断の要否の「判定」を参考に，所有者は，調査・診断の実施の要否を「判断」し，調査・診断の実施が必要と「判断」された場合は，調査・診断を行う．

　一方，点検者により調査・診断が不要と「判定」された場合や，点検者により調査・診断が必要と「判定」されても，所有者が，調査・診断の実施は不要と「判断」した場合は，所有者は，必要に応じた保全計画の見直しを行ったうえで，点検を継続する．

　調査・診断は，「調査・診断標準仕様書」によって行い，調査・診断の結果に基づき，調査・診断者が，補修・改修が必要であると「判定」した場合には，所有者は補修・改修を実施するか否かを「判断」しなければならない．所有者が，補修・改修を実施すると「判断」した場合は，補修・改修設計を「補修・改修設計規準」に基づいて，補修・改修工事を「補修・改修工事標準仕様書」に基づいて行うこととなる．なお，この保全の段階では，所有者が，補修・改修を実施しないと「判断」した場合，ならびに補修・改修を実施した後には，所有者は，必要に応じた保全計画の見直しを行ったうえで，点検を継続しなければならない．

　ここでいう「判定」とは，調査結果に基づき，調査・診断者が補修・改修工事の必要性の有無を示すことをいう．つまり，専門能力を有する調査・診断者が，調査・診断を行い，その結果に基づき補修・改修工事の要否を示すことが判定である．

　「判断」とは，調査・診断報告書に基づき，依頼者が補修・改修工事の実施，あるいは実施しないことを決定することをいう．所有者や管理者などの依頼者は，専門能力を有する調査者から，調査・診断の結果の報告を受ける．依頼者は，調査・診断報告書に基づき，補修・改修工事の実施/実施しないを決定する．その場合，依頼者は，建築物の保全計画や費用等を踏まえたうえで，補修・改修工事の実施を決定することになる．なお，保全計画において，補修または改修が定期的に実施することが計画されている場合にも，この「判断」は適用される．

1.4　用　　語

　本標準で使用する用語は，表1.1に示すとおりである．その他の用語の意味については，本会編建築

工事標準仕様書（JASS），および関連する指針などによる．

表 1.1 本標準に関する用語

用語	意　　味
保全	建築物の全体または部分の機能および性能を，使用目的および要求に適合するよう維持または改良する諸行為
点検	建築物の変状の有無を把握する行為．保守を含む．
調査	劣化および不具合の程度の評価，補修・改修の要否の判定，補修・改修の設計および工事，ならびに補修・改修後の保全のために必要な情報の収集・整理・確認を行うこと．
診断	調査結果に基づき，劣化および不具合の程度の評価，補修・改修の要否の判定，ならびに必要に応じて劣化の原因およびメカニズムの推定を行うこと．
補修	劣化した部位・部材などの性能または機能を実用上支障のない状態まで回復させること．
改修	劣化した部位・部材などの性能または機能を初期の水準以上に改善させること．
保守	対象物の初期の性能および機能を維持する目的で行う，小部品の取替えやねじの締付けなどの軽微な作業．
変状	何らかの原因で，建築物またはその部分に発生している，本来あるべき姿ではない状態．
劣化	物理的，化学的，生物的要因により，建築物またはその部分の組織構造や特性に経時的な変化を生じ，性能が低下すること．
不具合	初期欠陥など，劣化以外の原因で，建築物またはその部分の本来あるべき性能が発揮できない状態．
所有者	建築物の点検，調査・診断，補修・改修設計，補修・改修工事といった一連の保全計画の策定および実施を決定し，建築物を保全するように努める者をいう．契約等により保全行為を依頼する者，または契約等によらないで自らその保全をする者をいう．
設計者	その者の責任において，補修・改修設計のための図書を作成する者をいう．
施工者	補修・改修工事の請負人，または請負契約によらないで自らこれらの工事をする者をいう．
使用者	その建築物を使用している者をいう．居住者，賃貸者，所有者などのこと．
管理者	契約等により，所有者から依頼を受けて建築物の保全業務を務める者をいう．
依頼者	保全に関する業務を依頼する者をいう．所有者または管理者などのこと．
工事監理者	その者の責任において，補修・改修工事を設計図書と照合し，工事が設計図書のとおりに実施されていることを確認する者をいう．
発注者	請負契約により，施工者に対し補修・改修工事の依頼をする者をいう．

　ここでは，建築保全標準に用いる用語のうち，「一般共通事項」，「点検」，「調査・診断」，「補修・改修設計」および「補修・改修工事」にかかわる共通の用語について定めた．また，所有者，設計者，施工者，使用者，管理者，依頼者，工事監理者および発注者といった人物を示す用語について，本標準において全体を通じて統一を図った．用語を定義するうえで，現行の建築工事標準仕様書（JASS）や本会から刊行されている指針類で規定している用語との整合性を図ることを基本方針と

しつつ，慣例的に使用されている状況にも配慮して定義した．なお，ここで定義されていない用語については，JIS A 0203：2014（コンクリート用語）による．JIS に未掲載のものは，各種の建築工事標準仕様書（JASS），本会編「学術用語集建築学編（増訂版）」，「建築学用語辞典（第 2 版）」などに準ずる．次に，個々の用語について解説を記す．

　保全　建築物の全体または部分の機能および性能を，使用目的および要求に適合するよう維持または改良する諸行為であり，具体的には，点検，保守，調査，診断，補修，改修の行為およびそれらの実施計画を包括する．保全には，従来，本会編「建築物の調査・診断指針（案）・同解説」[2]に示すように，「維持保全」および「改良保全」がある．前者は対象全体または部分の性能および機能を使用目的に適合するよう維持するものであり，建築物の劣化を対象として，性能および機能を初期の水準まで回復するものである．後者は使用目的に適合するよう改良する諸行為であり，建築物の陳腐化および劣化を対象とし，建築物の部位・部材の性能や機能を初期の水準以上に改善するものである．保守および補修は維持保全に属し，改修は改良保全に属す．先にも述べたが，点検，調査，診断は保全に含まれる行為であり，「維持保全」および「改良保全」のいずれの行為にも関係する用語である．

　また，保全は，JIS Z 8115（デイペンダビリティ（信頼性）用語）やプラントエンジニアリングの分野等では，「予防保全」と「事後保全」にも分類[2]されるが，本標準では，これらの用語は定義してはいない．

　点検　建築物の状態を把握するために行う行為であり，日常点検，定期点検，臨時点検（緊急点検）がある．日常点検および定期点検では，点検に関する知識を有する者が建築物の変状を定期的に把握し，必要に応じて適切な処置を施すものである．前者は所有者や管理者自ら実施することもあるが，後者は専門的知識を有する技術者が行うことを推奨している．臨時点検（緊急点検）では，外壁の剥落，漏水などが発生した場合，または地震，台風，火災等の発生後に，依頼に応じて実施するものであり，あらかじめ所有者や管理者などから依頼をしている専門能力を有する技術者などにより行われる．なお，点検を行った際には記録・報告を行う．

　調査　補修・改修に関する要否の判定，補修・改修に関する計画・設計・施工および補修・改修後の保全に必要な情報の収集・整理・確認を行うことであり，点検よりも専門能力が必要となる．そのため，管理者が調査に適した専門能力を有する者と契約により委託することが一般的であるが，専門能力を有した管理者が自ら行うこともありえる．なお，調査には，事前調査・基本調査・詳細調査がある．

　診断　調査結果に基づき，劣化度の評価，補修・改修工事の要否の判定，ならびに必要に応じて不具合の原因，劣化の原因およびメカニズムの推定，劣化の将来予測を行う場合もあり，一般に，診断は，調査と併せて行われる．なお，診断では補修・改修設計に必要な資料を整え，依頼者である管理者に補修・改修の要否の判定結果を報告する必要はあるが，補修・改修を実施するか否かの判断については所有者が行う．

　補修および改修　本会の各指針を参照すると，「補修」とは，部分的に劣化した部位などの性能または機能を実用上支障のない状態まで回復させること，改修とは，劣化した建築物の部位・部材

などの性能や機能を初期の水準もしくはそれ以上に改善すること，という旨の定義とされている．つまり，補修と改修の違いは措置を採った後の性能の状態により分類され，本標準においてもこれにならい，定義した．解説図1.2に本会編「建築物の改修の考え方・同解説」で示されている保全行為の分類を示す．本会指針等においては，「改修」は「改良保全」に属し，また「補修」は「維持保全」に属している．なお，「補修」という言葉の実務における使用には，鉄筋コンクリート部分の変状に対する措置を行う際に使用されることが多く，具体事例としては，ひび割れや部分的な欠損等を直すことに使用される．また，床のシートを部分的に切り取って直すことも「補修」と呼ばれる．

　一方，「改修」という用語は，本標準では，例えば，供用期間中に塗装による新たな仕上げが全面に施された場合，もしくは新築時に使用された塗料より高性能な塗料を用いて塗替えをされた場合には，外壁の性能が向上するため「改修」としている．また，陶磁器質タイル張りにおいては，初期の性能以上にタイルの剥落に対する安全性を向上させる工法を適用した場合には「改修」としている．ただし，屋上防水においては，部分的な補修は「補修」と呼ぶが，屋上全面に対して実用上支障のない状態まで回復させる措置は，「補修」ではなく，従来「改修」と呼んでおり，本標準もそれにならう．

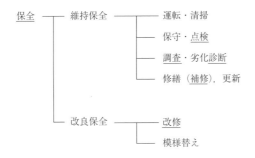

解説図 1.2　本会編「建築物の改修の考え方・同解説」で示されている保全行為の分類

　保守　建築物の小部品等の保全のための行為であり，ここでは点検とは区別して定義してはいるが，点検に含まれる行為である．具体的には，ドレンのつまりの清掃・はずれへの対処や接合部のボルト・ナットの緩みを締めるなどの行為であり，専門性を多く有さずにできるものを指す．カーテンウォールのクリーニングなども保守とされる．

　変状，不具合および劣化　土木学会のコンクリート標準示方書では，「変状」を「何らかの原因で，コンクリートやコンクリート構造物に発生している，本来あるべき姿ではない状態．初期欠陥，損傷，劣化等の総称．」とし，また「劣化」を「時間の経過に伴って進行する変状」（例えば，躯体のコンクリートの中性化が進行し，それに起因する鉄筋腐食によるひび割れやさび汁の発生等）としている．つまり，変状がより広域の意味を有し，変状の狭義に劣化がある．一方，劣化以外の原因による変状として「不具合」があり，劣化および不具合はそれぞれ独立し，変状に含まれる．例えば，施工の品質管理に起因する施工欠陥などのいわゆる初期欠陥は，時間の経過に伴って進行するわけではない変状であり，「不具合」に位置付けられる．

　点検において，建築物またはその部分の本来あるべき姿ではない状態の有無の確認，すなわち変状の有無の確認がなされる．それらの結果報告を受けた所有者や依頼者が，さらに補修，改修の動機を示した場合には，専門能力を有する者に依頼して調査・診断を行い，劣化の程度の評価，補修・改修工事の要否の判定，ならびに必要に応じて不具合の原因，劣化の原因およびメカニズムの推定を行う．なお，変状は点検時および調査時のいずれにおいても報告されることがあり得る．

　所有者，設計者，施工者，使用者，管理者，依頼者，工事監理者および発注者といった人物を示す用語の定義について，本標準において全体を通じて統一を図るため，下記のように定義した．

　所有者　所有者は建築物の所有権をもつものであり，建築物の保全計画を策定する．一連の保全行為，すなわち，点検，調査・診断，補修・改修設計，補修・改修工事の実施を決定する．点検，調査・診断，補修・改修設計，補修・改修工事などを契約等により依頼する者あるいは組織であり，例えば管理組合やマンションの理事長なども該当する場合がある．管理会社は，所有者からの依頼により，保全を代行で実施しているという位置づけであり，必ずしも所有者とは限らない．ただし，所有者が自ら管理者となることもある．

　設計者　依頼者から設計を依頼される者であり，その者の責任において，補修・改修設計のための図書を作成した者をいい，補修・改修工事の種類や規模によっては，必ずしも建築士の資格は必要ないが，本標準においては，補修・改修についての知見を有する建築士等の資格を有する者が補修・改修設計を行うことが望ましい．

　施工者　工事の施工を行う者をいい，発注者から工事を請け負う者も含まれる．なお，建築基準法第2条18（工事施工者）の定義においては，「建築物，その敷地若しくは第88条第1項から第3項までに規定する工作物に関する工事の請負人又は請負契約によらないで自らこれらの工事をする者をいう．」とある．

　使用者　その建築物を使用している者をいい，居住者，賃貸者，占有者，所有者をはじめ，その建築物を使用する組織に属している者も含まれる．本標準における使用者とは保全に係る利害関係者であり，来訪者や特殊建築物（例えば，劇場や百貨店など）に出入りする人（利用者）などは含まれない．

　管理者　策定された保全計画に則り，建築物の性能および機能を使用目的に適合するよう維持または改良する一連の保全，すなわち，点検，調査・診断，補修・改修設計，補修・改修工事の実施を統括する．建築主，賃貸者，仲介者がこれに該当することがあり，また所有者が自ら管理者となることもある．点検，調査・診断，補修・改修設計，補修・改修工事の実施には，一定以上の専門能力を有することが必要であることが多々あるため，管理者は契約等により専門業者に依頼することが多い．この依頼先として，管理会社などがある．

　また，公共建築物などにおいては施設管理担当者が該当する．ちなみに，国土交通省大臣官房官庁営繕部監修　建築保全業務共通仕様書（平成20年版）における「施設管理担当者」とは，契約書に規定する施設管理担当者をいい，建築物等の管理に携わる者を指す．

　依頼者　依頼を行う者をいい，保全行為によって依頼する側および依頼される側の人物が変わる．例えば，本標準の点検標準仕様書において，所有者が契約等により管理会社などに保全行為の管理

者となるよう依頼する場合，所有者が依頼者となる．また，本標準の調査・診断標準仕様書および補修・改修設計規準において，所有者あるいは管理者が契約等により専門能力を有する者に調査・診断の依頼を行う場合や，設計者に補修・改修設計の依頼を行う場合，所有者あるいは管理者が依頼者となる．

　　工事監理者　補修・改修工事において，その者の責任において，工事内容を補修・改修設計図書と照合し，それが補修・改修設計図書のとおりに実施されていることを確認する者をいう．本標準においては，設計者と同様に，補修・改修についての知見を有する建築士等の資格を有する者が工事監理を行うことが望ましい．なお，建築士法（昭和二十五年五月二十四日法律第二百二号）第2条8においては，工事監理とは，「その者の責任において，工事を設計図書と照合し，それが設計図書のとおりに実施されているかいないかを確認することをいう．」とある．

　　発注者　依頼者の中でも特に，請負契約により施工者に対し補修・改修工事の依頼を行う者をいう．なお，民法632条において，「請負とは当事者の一方が或仕事を完成することを約し相手方がその仕事の結果に対してこれに報酬を与えることを約するに因りてその効力を生す」，とされている．つまり，請負とは契約形態のひとつであり，ここでは保全行為における契約において，特に施工者に工事の依頼を行うことが該当する．

　　設計者，施工者，発注者，および工事監理者は専門性を有することが必要であり，依頼者が要望するまたは指示する保全行為を的確に実施することができる者である．依頼者となる管理者または所有者自ら保全行為を行うこともありえるが，いずれにしても専門能力があることが必要である．

1.5　保全に関する情報の収集

> 　保全に関して収集しておく必要がある情報は，次のものとする．
> （1）　建設時における設計図書，施工図，竣工図（または完成図），建物台帳など
> （2）　点検の記録，調査・診断の報告書，補修・改修の履歴，補修・改修時の設計図書・施工図・竣工図（または完成図）など
> （3）　その他保全に関する参考資料

　保全は，あらかじめ作成した計画に基づき実施される必要があるとともに，建築物などに関する情報（具体的な資料）に基づいて行われる必要がある．これらは，保全計画に付随する建設時の情報として整備するとともに，点検結果などについても一連の情報として整理し，常時保全業務に利用できるように収集しておく必要がある．なお，保全の各段階（点検，調査・診断，補修・改修設計，補修・改修工事）において必要な情報は，各仕様書あるいは規準において記述するが，保全の各段階で整備された情報は，適切に保存し，次の段階の保全において活用をする．

　保全に関する情報の例として，昭和60年建設省告示第606号（建築物の維持保全に関する準則又は計画の作成に関し必要な指針）が定められたことに関する建設省住宅局建築指導課長通達（建設省住防登第17号昭和60年4月11日）では，解説表1.1に示すような保管すべき図書を掲げている．なお，設計図書とは，①見積要領書（現場説明書および質問回答書を含む），②特記仕様書，③設計図，④標準仕様書をいい，建設時のものと補修・改修時のものがある．上記，①〜④は優先

順位を示している.

解説表 1.1　保管すべき図書（昭 60 年建告第 606 号による）

区　分	関　連　情　報
敷地に関する資料	• 測量図，契約書　• 取得経緯の関連書類
地盤関係資料	• 地盤調査書
新築時点図書	• 建築物取扱説明書 　共通取扱説明書　　防災計画書 　当該建物特記説明書（設計主旨等） 　施錠システムと錠前引渡書 • 竣工図書 　建築設計図書　　　建築工事特記仕様書 　設備設計図書*　　　設備工事仕様書* 　構造計算書　　　　数量調書 　建築工事標準仕様書
増改築時図書	同上
工事契約書	• 工事契約書　　　• 施工業者リスト • 施工図　　　　　• 使用材料メーカーリスト • 竣工図　　　　　• 引渡書 • 保証書　　　　　• 検査調書
工程資料	• 工程写真　　　　• 完成写真
官庁申請図書	• 建築確認図書　　• 検査済書 • 適合通知書　　　• その他
保守契約図書	• 委託契約図書　　• 業務仕様書
報告書	• 定期報告書　　　• 調査報告書 • 点検報告書　　　• その他
整備台帳	• 建物台帳　　　　• 作業記録 • 補修工事記録　　• 改修工事記録 • 機器台帳*　　　　• 営繕台帳
現況図	• 現況図

＊：本標準では，建築設備の保全は対象外としている.

1.6　記　　録

> a．保全に関して承認あるいは協議した事項について，それらの経過内容の記録を作成し，当事者間で確認し，必要に応じて建築物の所有者に提出する.
> b．保全行為の実施者は，保全の実施内容について，記録を作成し，整備しておく. 建築物の所有者の指示がある場合は，この記録またはその写しを速やかに提出する.
> c．建築物の所有者は，記録の保存を行う.

　a．記録の作成にあたっては，「いつ，どこで，誰が，何を，何のために，どのように処理したか」，すなわち 5W1H の要素を常に簡潔に盛り込んでおくことが大切である. 記録としての価値は，客

観性にある．近年，情報システムの整備が進み，打合せの議事録の確認・修正作業は電子メールを用いて行うことが一般的になりつつあるが，建築物の所有者と保全行為の実施者が合意した記録を保管することができるようなシステムにしておかなければならない．

　b．建築物の所有者が指示した事項および確認の内容についても，本項にならうが，軽微な事項については，建築物の所有者の承認を得て省略することができる．また，建築物の所有者に提出する保全の実施事項に関する写真などは，内容により高価なものとなることがあるので，写真の引伸しの可否，サイズ，カラーかモノクロか，撮影者指定など必要に応じ特記仕様書などに明示すべきである．

参 考 文 献

1）日本建築学会：鉄筋コンクリート造建築物の耐久設計施工指針・同解説，2016.7
2）日本建築学会：建築物の調査・診断指針（案）・同解説，2018.3

2章　保全計画

2.1　基本事項

a．本章は，保全計画の作成に適用する.
b．建築物については，保全計画を作成することを原則とする．ただし，建築基準法第85条に規定する仮設建築物については，この限りでない.
c．保全計画は，建築物の所有者，または所有者から依頼を受けた者（以下，保全計画作成者）が作成する.
d．保全計画作成者は，保全に関して，十分かつ高度な知識・経験を有する者でなければならない.
e．保全計画作成者は，建築物の所有者と協議し，供用期間と建築物が確保すべき性能や機能を設定する.
f．保全計画作成者は，必要に応じて，当該建築物の新築時の設計者・施工者，補修・改修時における調査・診断の実施者や設計者・施工者および使用者に計画作成の協力を依頼する.
g．保全計画作成者は，作成した保全計画を建築物の所有者に提出する.
h．建築物の所有者は，保全計画の主旨と内容を建築物の使用者に周知するとともに，作成された保全計画を履行する.

　a．建築物は，竣工後は長期にわたり利用者・使用者に安心・安全，快適に利用されることが求められるが，時間が経過するとともに劣化する．保全を怠り劣化を放置すると建築物の資産としての価値の減少を招いたり，劣化に起因する外壁の落下等による重大な事故につながったりすることもある．また，近年では，地球温暖化対策や廃棄物抑制等への対応が建築物にも求められている.

　これらに対応するために，建築物またはその部分の保持すべき機能および性能の水準を確保するため保全にかかる行為が適切に行われる必要があり，業務を合理的・効率的に行われるよう，建築物の設計段階において，保全計画を作成することが基本である．なお，既存建築物において，保全計画が作成されていない場合は，速やかに作成されることが望ましい.

　本章で対象とする保全の業務は，鉄筋コンクリート造の建築物の構造体，外装仕上げおよび屋根防水を対象とする点検（保守を含む），調査・診断，補修・改修の設計・工事にかかるものとする.

　なお，調査・診断，補修・改修の設計および工事に関する具体的な事項はそれぞれの業務実施時に計画されるものであるため，本章の対象である保全計画においてはこれらの業務を行ううえでの基本となる事項を記載するものとする.

　一般的に「保全」業務には，「設備管理業務」，「環境衛生管理業務（清掃・環境管理）」，「保安警備業務」が含まれるが，これらにかかる事項は本標準では対象外とする．建築物の総合的な保全のマネジメントを行ううえでは，これら業務に関連する法令，関係規定等を踏まえたうえでの保全業務の計画・実行が必要となる.

　b．建築物の保全業務は長期にわたって行われるものであり継続性が要求される．また，多種・多様な業種の人間により行われる．保全計画は，長期にわたり建築物を計画的かつ効率的に保全す

ること，所有者が保全に関する条件や枠組みを業務実施者に伝達，またはその情報を共有化すること，保全上の問題や課題あるいは突発事故等のリスク回避や被害を軽減することなどを目的として作成する．

本標準では，原則としてすべての建築物を保全計画の作成対象とする．ただし，建築基準法第85条では，非常災害および工事用にかかる仮設建築物について規定している．これらの対象期間は3か月以内が原則であり，延長許可を受けた場合でも，2年以内とされている．このような条件を勘案すると，仮設建築物の保全については，原則としてはその都度対応することとし，ここでは保全計画の作成が不要な場合が多いと判断した．

また，同条には被災した建築物の応急の修繕についても規定されているが，この場合は，その後の本格的な修繕を行うための調査・診断，利用計画の見直しなど密接に関連する内容があるので，本章に記載する保全計画の考え方を適用するとよい．

c．保全計画は，所有者から依頼を受けた者（以下，保全計画作成者）が作成する．

建築物の供用中には日常・定期に行われる点検や，劣化等への対応のための調査・診断，補修・改修による性能の維持，改善・向上等の保全業務が行われるが，これらの業務はそれぞれの業種の専門家が行うのが通常であり，関係者が多く，内容も多岐にわたる．また，既に使用されている建築物の場合には，建築物の履歴および現状と今後の利用計画なども考慮する必要がある．保全計画作成者は，建築物の利用計画や必要とされる業務内容，建築物の状況等を把握しながら，効率的・計画的に業務が実施できるよう保全計画を作成する．なお，建築物を運用する際の基本的事項は，基本設計の段階でほぼ決定されてしまう場合が多く，新築建築物の保全計画を竣工時に策定する場合は，すでに完成した建築物と利用計画に沿った実施内容として計画しなければならない．この場合は，要求事項に対する対応方法等が限られ，必ずしも合理的な運用が出来るとは限らない．ライフサイクル全般を通して合理的・効率的に運用管理を含む保全を実施するには，建設企画段階から保全計画が検討されることが望ましく，遅くとも基本設計内容と並行して検討されることが重要である．

保全計画の作成にあたっては，建築物の劣化の状況や今後の利用計画などを把握する必要があるため，保全計画作成者は，必要に応じて所有者を通じて建築物の当初の設計者・施工者，改修時における調査の専門技術者・設計者・施工者および使用者などにヒアリングなどの協力を依頼し，ヒアリング結果等を保全計画に反映させる．

なお，区分所有はもとより，店舗などの賃貸で内装工事はテナントが行う場合のように計画を作成すべき者が複数になる場合は，建築物全体としての保全の一貫性を保つ必要があり，関係者全体の合意が必要となる．

d．建築物の安全性，機能性，快適性を維持するために保全計画を作成し，運用管理し，さらに法的業務等を統一的に遂行できるようにするためには，建築物全般および保全業務に関する幅広い知識と経験を有する者が責任者となる必要がある．

また，それぞれの建築物には，用途や使用されている部位等に応じて法的な専門資格者の選任義務が生ずるが，それらを総合的にとらえ，資格者相互の意見調整の円滑化を図り，建築物の保全を

推進する責任者が必要とされる．

建築物全般および保全業務に関する幅広い知識と経験を有する者としては，以下の資格者等が挙げられる．

- ・ 一級建築士（国家資格）
- ・ 建築・設備総合管理士（旧建築・設備総合管理技術者）（（公社）ロングライフビル推進協会）
- ・ ファシリティ・マネジャー（（公社）日本ファシリティマネジメント協会）

他に，マンション等共同住宅においては管理業務主任者（国家資格），マンション管理士（国家資格）などが挙げられる．

e．保全計画の作成にあたっては，対象建築物の概要を把握する必要がある．そのため，保全計画作成者は，設計図書や引継書類等から建築物の概要および設計条件について把握し，十分に理解する．既存の建築物の保全計画を作成する際には，点検，調査の報告書なども参考とする．この際，保全計画作成者は，必要に応じて所有者等にこれらの資料の提示を求める．

保全計画作成者は，これらの資料などから諸条件を考慮したうえで建築物の所有者と協議し，建築物の使用予定期間と確保すべき性能・機能を設定する．

（1） 確保すべき性能・機能の設定

建築物に求められる性能の水準は年々向上してきている．一方では，解説図 2.1 の保全の概念に示すように，建築物の物理的な性能や機能の低下は，劣化などにより竣工時から始まる．建築物の実際の性能が，その時点で要求される性能レベルを下回るとき，建築物は使用に耐えられなくなり，補修または改修が必要となる．このことから，建設時に設定された建築物の性能の水準を確認することは，保全計画を作成するにあたっての原点に相当する．

また，当初の性能，機能を維持するのみならば，点検に伴う保守や補修で対応できるが，建設後に建築物の要求される性能，機能の水準が高くなるような場合，あるいは建築物の陳腐化に対しては，改修が必要となる．なお，本会編「建築物の調査・診断指針（案）・同解説」[1]では，点検に伴う保守や補修を「維持保全」，改修を「改良保全」と分類している．

既存の建築物においては，対象建築物の今後の利用計画に変更が予定される，あるいは想定される場合は，建築物またはその部分が保持すべき機能および性能の水準，あるいは改善すべき性能の

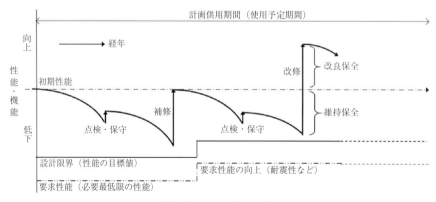

解説図 2.1 保全の概念

水準もその時点で変更しなければならないことが多い．また，劣化の状態を知ることは解説図 2.1 の保全の概念図にあるように，行うべき保全行為をどのように位置づけるのかを認識することにほかならない．その結果，いつの時点で補修や全面的な改修を採用するかを決定することが可能となる．

　既存建築物の保全計画を作成する場合は，上記を考慮して建築物またはその部分が保持すべき性能の水準，あるいは改善すべき性能の水準を設定する．

（2）　計画供用期間の設定

建築物の計画供用期間は，以下に示す諸点を考慮して設定する．

　a）建設時に設定された建築物の供用期間，建設後の補修，改修などにより当初の供用期間が変更された場合はその設定値

　b）建築物の今後の利用計画

　c）建築物が確保すべき性能や機能の水準

　a）建設時に設定された建築物の供用期間は，目標とする建築物の寿命そのものといえる．近年の建築物については，使用されている材料次第では 100 年を計画供用期間とするものもある．

　一方で既存の建築物については，目標とする今後の計画供用期間を建築物の劣化の状況等を考慮しながら定めることになる．

　実際の建築物の保全計画では，作成する時点における建築物の計画供用期間あるいは残存供用期間の長短により，内容に相違が出てくることとなる．そのため，建築物の建設時に設定された建築物の計画供用期間またはその推定値から算出される残存供用期間は大きな決定要素となる．また，建設後の補修，改修などにより当初の計画供用期間が変更された場合は，その推定値から算出される年数がこれにあたる．

　想定される残存供用期間以降まで効果が持続するような補修は，無駄，不経済となり，このような場合は，部分的あるいは軽微な補修を行うほうが合理的かつ経済的となる．

　建築物の供用期間は，解説図 2.1 に示すように保全の実施内容の違いによって変化する．供用期間を延伸したければ，保全計画を目的に沿った内容で設定しなければならない．

　文化的，学術的あるいは記念的な建築物の価値は，建築物あるいはその構成部材の性能，機能，経済性などでは評価しきれないものであり，このような観点からも計画供用期間を検討しなければならない．

　b）建築物の今後の利用計画に変更が予定される，あるいは想定される場合は，同時に建築物の供用期間を延伸させたい場合が多く，その可能性についての検討も重要となる．今後の利用計画は，建築物の供用期間を設定する場合の重要な与条件のひとつである．

　c）解説図 2.1 の保全の概念図に示すように，性能水準の低下には要求性能および許容性の向上に伴う相対的な性能の低下と，建築物またはその部分の劣化による絶対的な性能の低下とがある．このことから，現在の劣化の状況を把握し，同図の時間軸と性能水準軸との関係を整合させ，バランスをとることは，保全計画を作成するうえで非常に重要である．

　なお，建築物全体またはその部分の今後の用途変更，増改築などの計画の有無を調査し，建設当

初の利用計画の変更が予想される場合には，設計図書などによりそれらの可能性を検討するなどして，今後の利用計画を確認する.

　f., g. 保全計画作成者は，建築物の所有者等と協議し，設定した建築物の計画供用期間と建築物が確保すべき性能や機能が，計画した水準を常時保つように保全計画を作成し，建築物の所有者に提出する. なお，保全計画の内容については，2.2 節で述べる.

　h. 建築物の所有者等は，作成された保全計画を適正に履行するために，建築物の利用者・使用者に理解できる取扱い説明書や館内規則等を用意し，保全計画の主旨と内容を建築物の利用者・使用者に周知する.

2.2　保全計画の作成

---

a. 設定した水準を満足させるために，点検，調査・診断，補修・改修設計および補修・改修工事が計画的かつ効率的に行えるように，保全計画を長期的視野に立って作成する.
b. 保全計画書の内容は次による.
（1）　建築物の利用計画
（2）　保全の目的と方針
（3）　保全の実施体制
（4）　保全の責任範囲
（5）　点検（保守を含む）の計画
（6）　調査・診断の計画
（7）　補修・改修の計画
（8）　図書の作成，保管など
（9）　保全計画の変更（見直し）
c. 保全計画書には，保全に関する情報や記録のうち，必要な部分を添付する.
d. 建築物またはその部分に瑕疵担保期間および保証期間が設定されている場合は，必要に応じて保全計画書に明示する.

---

　a. 保全計画は，建築物の安全性の確保，衛生環境の保持，効用の保持，資源・エネルギーの節減などの保全の目標を，計画的，効率的かつ経済的に達成することを目的として作成する. このためには，定期的に一定の水準による点検・保守，調査・診断を行い，必要に応じて補修・改修設計などを行い，合理的な補修・改修工事を行えるように，保全計画を長期的視野に立って作成することが不可欠となる.

　（1）　建築物のライフサイクルおよび保全計画の作成時期

　建築物のライフサイクルは，解説図 2.2 に示すような建築物またはその部分の企画，設計から，それを建設し，除却するまでの間に，行われ，繰り返される一連の行為のつながりとその期間である.

　建築物の計画・設計の当初からライフサイクルを考えておかないと，その後の使用，保全，補修・改修ならびに廃棄と再利用の各段階で，発注者，管理者，利用者に極めて不便，不経済であり，大きな負担をかけることが多い.

　そのため，保全計画の作成時期は，新築の場合，基本的事項は設計段階からある程度整理し，竣

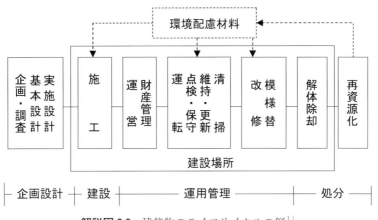

解説図 2.2　建築物のライフサイクルの例[1]

工以前に作成に着手，検収・引渡し時点には完了していることが望ましい．また，既存の建築物に
ついては，保全業務を受託した際に作成することが望ましい．

（2）　保全の方法

保全の実施方法の分類にはいくつか提案[1]されているが，基本的には「点検に伴う保守や補修
（維持保全）」と「改修（改良保全）」の二つに分類できる．

点検に伴う保守や補修とは，例えば，実際に建築物の外装仕上げ等に変状が発生した時，または
確認された段階で行う保全である．一方，改修とは，前述のとおり，建設後に建築物の要求される
性能，機能の水準が高くなるような場合，あるいは建築物の陳腐化に対して行う保全である．

日常や定期に行う点検によって，構造体や外装仕上げ等の状態を把握し，劣化の有無やその兆候
を確認し，緊急性のある変状が発生した場合には，補修あるいは改修を実施することを計画してお
くとともに，現状では具体的な変状が見当たらなくても，時間の経過とともに発生することを予測
するなどして，補修や改修を計画しておくことも重要である．

2.1（基本事項）e で示したように，保全の実施内容の違いによって建築物の供用期間は変化する．
保全計画の作成にあたっては，対象とする建築物の用途などを考慮して，点検に伴う保守や補修な
らびに改修が実施できるように保全計画を作成するために，次項以降の計画事項を検討する．

（3）　その他留意点

保全計画は建築物に対して作成されるものであるが，計画の作成にあたっては，対象とする建築
物が所在する地区・地域全体の環境との調和についても配慮し，良好な周辺環境の実現に寄与する
ものでなければならない．

b．保全計画書には，本文で示す項目・内容が必要である．また，これらの項目・内容は，各項
目間相互に密接な関連があり，一項目単独での検討・判断は非常に困難である．全体をにらんだ総
合的な検討が必要であり，項目間相互に矛盾が生じないようにしなければならない．

なお，保全計画は保全業務における総論であり，具体的な保全業務については別途詳細な計画等
を作成して実行される．保全計画には関係者連絡先やそれぞれの主要な事項を記載することとし，
すべてを記載することは不要である．総論である保全計画は，具体の実施計画と調整し矛盾のない

ように作成する．

（1） 建築物の利用計画

建築物の保全は，建築物の利用の実態に対応したものでなければならない．したがって，適正な保全を実施するための前提として，建築物の実質的な利用計画を明確にしておく必要がある．

（2） 保全の目的と方針

保全計画には，先見性をもって課題に対応し，効率的かつ効果的に保全が行われるよう，その枠組みとなるものとして，当該建築物の用途等に応じて保全の目的と方針を定めることが必要である．

保全の方針は，日常の維持管理に係る方針，外装仕上げ等の劣化に対応する方針となる．この方針を定めておくことにより，長期の供用期間において発生が予測される諸課題への対応の一貫性が確保される．この方針は，建築物の保全計画の内容を方向付ける大きな要素であり，所有者が所有と活用のための方針として設定すべき事項であるが，保全計画作成者は対象建築物の用途やグレード，求められている性能や機能を考慮して方針として示すべき内容を適切に提案する．

なお，建築物や設備機器等に関するいくつかの法律では，保全に関連する規程や計画について規定している．本標準は鉄筋コンクリート造建築物の構造体・外装仕上げ・防水を主な対象としていることから，物理的な劣化への対応が主な内容となるが，保全にあたっては対象建築物の用途，規模等を踏まえて，これらの法律へも対応しながら適切に保全計画を作成することが必要である．

（3） 保全の実施体制

保全の実施体制については，その建築物の用途，所有形態，運営方法などにより異なってくるが，いずれにせよ保全が円滑に的確に実施されるよう，実質的な保全業務に関して，具体的な業務と担当部署および管理体制との関係，情報の伝達方法，意思決定方法などを明確にしておく必要がある．

なお，適正な保全の実施には一般的に，専門的な知識，能力などが要求されることから，専門技術者の関与について，あらかじめ考慮しておく必要がある．実施体制の内容としては，以下のようなものがある．

a） 保全を実施するための組織

保守管理部門，営繕部門，資金計画の決定部門などの保全を実施する各部署および各担当者の役割分担

b） 保全業務の委託

保全業務を委託する場合の委託先，委託の業務内容など

c） 建築士その他専門技術者の関与

保全計画の作成などにおける建築士その他専門技術者の関与の方法とその範囲

さらに，建築物の所有者または管理者と占有者（使用者）との関係および占有者（使用者）の態様は，賃貸借の方式などにより多様であるが，建築物の適正な保全を図るためには，占有者（使用者）の積極的な協力を得ることが不可欠である．したがって，占有者（使用者）の態様など，個々の建築物における条件，利用計画，保全の実施体制などに応じて，占有者（使用者）において行うべき保全に関する措置などについて，具体的に指導などを行う必要があり，その内容についてあら

かじめ保全計画において明確にしておく必要がある.

占有者（使用者）に対する指導などの内容としては，次のようなものがある.

a）事故発生時などにおける措置に関すること

　通報先，必要な伝票などのルール

b）重量物の設置，改装工事などに関すること

　模様替え申請書，同提出先，同許可などのルール

c）日常利用上の点検などに関すること

　占有者（使用者）の責任において保守すべき範囲のルール

（4）　保全の責任範囲

建築物の利用計画，保全の実施体制などを十分勘案し，所有者などの責任範囲を明確にし，全体として一体的な対応が図れるようにしておく必要がある.　また，所有者と管理者が異なる場合においては，意思決定，指示系統およびそれらの責任の範囲について明確にしておく必要がある.

（5）　点検（保守を含む）の計画

適正な保全を行うためには，点検・保守によって建築物の状況を常に的確に把握しておく必要がある.　また，その結果に基づいて保全の実施方法としての補修・改修など必要な措置が適切に行われる必要がある.　保全において，点検はもっとも重要な業務であるので，的確に点検が実施されるよう，あらかじめ，対象建築物の保全の方針に沿って，次のような事項について明確に定めておく必要がある.

なお，点検に関する計画を定めるにあたっては，関連法規に定められた検査，報告などが必要となる建築物は，法の内容に基づいたものとなるよう，十分考慮しておく必要がある.

a）目的，点検の種類・範囲（箇所），点検項目，点検時期，点検担当者などの実施方法に関する事項

b）点検方法，判断基準などの点検内容に関する事項

c）点検結果の記録および報告その他点検結果に対する措置方法に関する事項

（6）　調査・診断の計画

調査・診断は事故の発生等により緊急に行って対応すべきものと，あらかじめ補修・改修工事の実施時期を予測して計画的に行うものに分けられる.　緊急に対応すべきものについてはその都度調査・診断を行うことになるが，計画的に行うものについては補修・改修工事の実施時期が近づいた段階で調査・診断を行うことが必要となる.

保全計画においては，建築物に甚大な影響を与える破損や事故等に際した差し迫った状態で調査・診断を実施することがないよう，構造体，外装仕上げ，防水，およびそれらに付設された工作物について，あらかじめ，対象建築物の保全の方針やそれぞれの部位の特性・耐用年数等を考慮して調査・診断を計画的に行うことを明示する.

（7）　補修・改修の計画

建築物は時間の経過とともに劣化する.　このため，良好な保全を行うためには，あらかじめ長期的スパンで建築物に使用されている部位・部材等を分類して，保全対象項目ごとの補修等の時期と，

必要となる概算の所要費用を「可視化」する必要がある．建築物のライフサイクルコストに占める補修等の割合は通常 25〜30％であり，当初の設計・建設費（15〜25％）を上回る．このように大きな割合を占める補修等について，その時期と所要費用を予測し，計画に組み込んでおくことは極めて重要である．

保全計画においては，建築物の構造体，外装仕上げ，防水，およびそれらに付設された工作物について，対象建築物の保全の方針や，それぞれの部位の特性，耐用年数，補修等を実施する周期等を考慮して，補修等の実施時期と概算工事費を提示し，「補修・改修の計画」として明示する．

なお，実際の補修・改修にあたっては，「補修・改修の計画」に沿って対象とする部位・部材などの予測された工事実施時期に機械的に工事を実施するものではなく，調査・診断結果から把握した劣化状況や資金などの実情を考慮して実施することが重要である．

一般に，このような保全計画は，「長期修繕計画」，「中長期保全計画」等とも呼ばれるものである．国土交通省では，「マンションにおける長期修繕計画の作成または見直し，および修繕積立金の額の設定に関して，基本的な考え方等と長期修繕計画標準様式を使用した作成方法を示すことにより，適切な内容の長期修繕計画の作成およびこれに基づいた修繕積立金の額の設定を促し，マンションの計画修繕工事の適時適切かつ円滑な実施を図ること」を目的として，平成 20 年 6 月に「長期修繕計画作成ガイドライン」[2]を示しているので，参考にするとよい．「長期修繕計画」等の作成については，以下の文献なども参考になる．

・ 建築物のライフサイクルマネジメント用データ集（改訂版）：（公社）ロングライフビル推進協会，2020 年 3 月
・ 建築物の LC 設計の考え方（三訂版）：（公社）ロングライフビル推進協会，2018 年 2 月
・ 平成 31 年度版　建築物のライフサイクルコスト（第 2 版）：監修//国土交通省大臣官房官庁営繕部，編集・発行/（一財）建築保全センター

保全計画の期間については，1 章　「総則」1.2（基本方針）において，「建築物の全体またはその部分は，計画供用期間（使用予定期間）中に，保持すべき機能および性能が確保されなければならない．」としており，計画供用期間（使用予定期間）と同じであると考えてよい．例えば，本会編「建築工事標準仕様書・同解説 JASS 5 鉄筋コンクリート工事（2018）」[3]では，鉄筋コンクリート部分の構造体および部材に対して適用される計画供用期間を「建築物の計画時または設計時に，建築主または設計者が設定する建築物の予定供用期間で，本標準では構造体および部材に対して短期，標準，長期および超長期の 4 つの級を設定する．」と定義している．解説において，「計画供用期間は，建築物の用途やさまざまな立地条件の中で，構造体や部材を大規模な修繕をすることなく供用できる期間，または継続して供用するにあたり大規模な修繕が必要となることが予想される期間を考慮して定める．」としており，参考となる．

なお，保全計画を実行するための詳細計画として，具体的な保全の実施計画が必要であり，中期および長期の調査・診断に関する計画，補修および改修に関する計画等を，具体的に定めておくことが必要である．一般的には，中期計画は概ね 3〜5 年，長期計画は概ね 10 年程度の期間を指すことが多い．なお，ここでいう長期計画の設定は，将来における建築物に対する諸条件の変動が想

定しにくく，短期，中期に比べて作成の難易度が高いことが予想されるが，可能な限り詳細に検討しておくことが，技術的にも経済的にも良い結果となることが多い[1]．

（8）　図書の作成，保管など

適正な保全は，あらかじめ作成した計画に沿って実施される必要があるとともに，その建築物に関する具体的な資料に基づいて行われる必要がある．したがって，竣工図，仕様書などについては，保全計画に付随する資料として整備するとともに，点検結果などについても一連の資料として整理し，常時保全業務に利用できるように保管する必要がある．

（9）　保全計画の変更（見直し）

保全計画については，実施方法を勘案して定期的に見直しをする必要があり，また利用計画，性能水準などにおける条件に変化が生じた場合に，それらに的確に対応するため，随時保全計画の適切な見直しが必要である．保全には多数の人々が関与することも考慮して，計画の見直し，計画変更の手続きおよび計画を変更した場合の周知徹底の方法などを，あらかじめ明確にしておく必要がある．また，建築物の利用計画の変更が予定されている場合は，当然，補修・改修の内容や仕様が異なってくる．利用計画の変更が予定された時点で，これに合わせて保全計画の見直しが必要となり，これにより定期的な改修計画が，部分的な補修あるいは改修に置き替わることもある．

　c．保全計画書には，1.4（保全に関する情報の収集・整備），1.5（記録）に示す保全に関する情報のうち，必要な部分を添付する．

　d．建築物またはその部分に瑕疵担保期間および保証期間が設定されている場合は，必要に応じて保全計画書に明示する．例えば，外壁の改修工法等で保証期間が設定されているものがあり，改修工事履歴等に当該工法の保証期間等を明示しておく．

参 考 文 献
1 ）日本建築学会：建築物の調査・診断指針（案）・同解説，2008.3
2 ）国土交通省：長期修繕計画作成ガイドライン，平成 20 年 6 月
3 ）日本建築学会：建築工事標準仕様書・同解説 JASS 5 鉄筋コンクリート工事（2018），p.131，2018.7

JAMS 2-RC　点検標準仕様書

──鉄筋コンクリート造建築物

解　　説

日本建築学会建築保全標準

JAMS 2-RC　点検標準仕様書——鉄筋コンクリート造建築物 （解説）

1章　総　　則

1.1　適用範囲

> 本仕様書は，鉄筋コンクリート造建築物の構造体，外装仕上げ，防水，およびそれらに付設された工作物の点検に適用する．

　本仕様書は，鉄筋コンクリート造建築物の点検に適用する．保全とは，JAMS 1-RC（一般共通事項）〔1.4（用語）〕で定義されているとおり，機能および性能を使用目的に適合するよう維持または改良する諸行為であり，健康で安全な生活を確保できるようにするものである．点検は，それら一連の行為のうち最初に位置付けられる重要な行為である．

　本仕様書の適用範囲は，鉄筋コンクリート造（鉄骨鉄筋コンクリート造やその他の構造形式の鉄筋コンクリート造の部分を含む）の壁，柱，床，梁，屋根または階段などの主要構造部および主要構造部以外の部材，外装仕上げ材，屋根防水（最上階の天井見上げ面を含む），その他建築物に付帯する看板や門塀などの工作物である．ただし，設備については対象外としている．すなわち，本仕様書は，JAMS 1-RC （一般共通事項）〔1章「総則」〕で定められた適用範囲と同様の適用範囲である．なお，一般共通事項に記載のない事項や相違のある場合には，本仕様書の内容を優先する．

　1章　「総則」では，点検の目的，点検の種類および点検の範囲を示すとともに，2章「日常点検」，3章「定期点検」および4章「臨時点検」に共通する事項を示す．

1.2　点検の目的

> 点検は，建築物の変状の有無を把握し，建築物の保全に資することを目的とする．

　本仕様書でいう「点検」とは，JAMS 1-RC（一般共通事項）〔1.4（用語）〕の定義にあるように「建築物の状態を把握する行為」であり，かつ簡易な「保守を含む」としている．したがって，点検の目的には，JAMS 3-RC（調査・診断標準仕様書）で示す調査・診断の要否の判断材料を記録や報告を用いて提供することも含まれる．「保全」とは，建築物の全体または部分の性能および機能を使用目的および要求に適合するよう維持または改良する諸行為のことである．また，「保全に資する」とは，保全計画の作成を除き，点検は，調査・診断，補修・改修設計，補修・改修工事など，すべ

ての保全の行為に先立つものであり，必要不可欠かつ最重要な行為であるということを意味している.

JAMS 1-RC（一般共通事項）に，建築物の機能・性能の経時変化と保全の概念図〔解説図 1.1〕が示されている. 保全（点検/補修・改修）が実施されない場合には，建築物の性能・機能は低下し続けるが，保全を計画的に行った場合には，建築物の性能・機能が維持保全限界状態を下回らない状態に維持することができ，建築物の供用期間を長くすることができることが示されている.

また，点検時の保守や応急措置等，必要に応じて適切な措置をすることで，第三者へ危害を及ぼす変状を除去する等ができるという意義もある.

1.3 点検の種類

> 点検の種類は，日常点検，定期点検および臨時点検とし，その方法等は，それぞれ 2 章，3 章および 4 章による.

点検は，内容や頻度により，日常点検，定期点検および臨時点検に分類される. 点検の種類と目的を解説表 1.1 に示す. なお，それぞれの点検に関する詳細は，2 〜 4 章に示す.

解説表 1.1 点検の種類と目的

点検の種類	点検の目的
日常点検	建築物の状態を日常的に把握するとともに，必要に応じて適切な措置を施す
定期点検	建築物の状態を定期的に把握するとともに，必要に応じて適切な措置を施す
臨時点検	所有者等の依頼に応じて，外壁の剥落，著しい漏水などが発生した場合，または地震，台風，火災等の発生後に，建築物に対するそれらの影響を把握する

建築物の個別の状況により，日常点検を実施しないで，定期点検において日常点検しない，あるいはできない箇所を含め，より詳細な点検を行う場合もある. このような場合も踏まえ，本仕様書における 2 章「日常点検」および 3 章「定期点検」における規定は，日常点検と定期点検の組合せで適用したり，あるいは定期点検のみを適用したり，適宜，選択できるものとする. ただし，定期点検のみを適用する場合は，日常点検で行う項目などの遺漏がないように留意する必要がある.

また，本仕様書では，定期点検には，建築基準法第 12 条による定期報告の点検調査も含むこととし，その点検方法は 3.3 節に示す.

点検によって変状が確認された場合は，緊急性のある変状か否かの判定を点検者が行い，緊急性のある変状であると「判定」された場合は，所有者は応急措置を施すとともに，点検者は，調査・診断の要否を「判定」しなければならない.

次に，点検者の調査・診断の要否の「判定」を参考に，所有者は，調査・診断の実施の要否を「判断」し，調査・診断の実施が必要と「判断」された場合は，JAMS 3-RC に準じた調査・診断を行う.

一方，点検者により調査・診断が不要と「判定」された場合や，点検者により調査・診断が必要と「判定」された場合も，所有者が，調査・診断の実施は不要と「判断」した場合は，所有者は，必要に応じた保全計画の見直しを行ったうえで，点検を継続する. その場合，点検者によって確認

された変状について，「モニタリング」等の実施を推奨される場合もあるので，所有者はその実施について判断するとともに，モニタリングを実施する場合には，保全計画の見直しにおいて反映されなければならない．

以上に示した点検の手順は，JAMS 1-RC（一般共通事項）〔1.3（保全の手順）図1.1〕にも示されている．

1.4 点検の範囲

点検の範囲は，点検の種類により定める．日常点検の範囲は2.2節，定期点検の範囲は3.2節，臨時点検の範囲は4.2節による．

点検の範囲は，点検の種類により定める．点検は，一般的に目視による場合が多く，目視が可能な範囲は，建築物の外周，廊下，階段，内部施設，屋上などの立入り可能な範囲である．なお，手の届く範囲の触診なども，点検の範囲に含まれる．解説表1.2に，目視による点検において，一般に使用される道具（点検の際に必要な安全を確保するための道具を含む）の例を示す．

解説表 1.2 点検の種類と使用する道具，点検の範囲

点検の種類	使用する道具等	点検の範囲
日常点検	懐中電灯など	仮設足場を用いずに巡回によって目視できる範囲
定期点検	懐中電灯，打検ハンマー，非破壊試験装置など	仮設足場（脚立，組立足場，高所作業車，ゴンドラなど）を用いて巡回によって目視できる範囲
臨時点検	依頼内容による	依頼内容による

なお，点検ができない範囲があることは望ましくないが，下記に例示するように，点検が非常に困難な範囲もある．

（1） 外壁の目視等にあたり，隣地等へ立入りができない場合（隣地が狭い場合など）

　　人が通れないほど隣棟間隔が狭い場合や，隣地からしか点検できない場合にもかかわらず，隣地への立入り許可が得られない場合などが該当する．また，定期点検の場合に使用する足場等が敷地境界線を越境する場合に，隣地の使用許可が得られない場合も含まれる．そのため，原則として，定期点検の時期や方法が決まった時点で，事前に対応を協議しておくことが重要である．

（2） 建築物に容易に立入りできない場合

　　一般的に集合住宅のバルコニー・ルーフバルコニー（以下，バルコニー等）は共用部であるが，居住者の専用使用権がある．バルコニー等へ至る経路上に占有住戸（分譲部分）があり，居住者の許可が得られない場合には，共用部であるバルコニー等の点検が不可能となる．定期点検の場合などには，専用使用権部分もできる限り点検できるように協力を求め，協力が得られない場合は，その旨の記録を残す．また，管理規約に示される専用使用に関する条件などを示し，居住者に点検の協力を求める方法もある．

2章　日常点検

2.1　基本事項

> 日常点検は，建築物の状態を日常的に把握するとともに，必要に応じて適切な措置を施すことを目的とする．

　日常点検は，建築物の状態を日常的に把握するだけではなく，軽微な作業（保守）の実施，あるいは，第三者へ危害を及ぼす変状を除去する等の応急措置など，必要に応じて適切な措置をすることができるという意義もある．すなわち，日常点検とは，日常の巡回等の業務の中で建築物の状態の点検（気付き箇所の記録等）を行い，必要に応じて適切な措置，すなわち保守や応急措置を施すことをいう．

　例えば，日常点検において，普段見られないようなひび割れ，水溜まり，あるいは漏水などが降雨後に発見される場合もあり，その事象を基に調査・診断や臨時点検が行われることもある．また，暴風や地震の後には，定期点検や臨時点検では対象としない範囲において，部品等の落下が生ずる場合などもあるため，日常点検は必要不可欠な基本となる点検といえる．

　日常点検の方法の詳細は 2.2 節，保守は 2.3 節，応急措置は 2.4 節による．なお，日常点検においても，調査・診断の要否の判断材料とするため，記録・報告を残す．

2.2　日常点検の方法

> a．日常点検の方法は，目視を基本とし，建築物の状態を把握する．
> b．点検者は，建築物の所有者，管理者またはそれらから依頼を受けた者であって，点検に関する知識を有する者とする．
> c．日常点検の頻度および範囲は，特記による．
> d．日常点検の結果は，記録する．

　a．日常点検の方法は，建築物を巡回し，仮設足場（脚立，組立足場，高所作業車，ゴンドラなど）を用いずに，外観の目視による点検を基本とするが，手の届く範囲の触診なども含む．目視により，変状が確認されたものについては，カメラ等を用いて記録を行う．また，変状が確認される前の状態と比較が容易となるよう，変状が確認できた箇所と同様の変状が生ずる可能性がある箇所の記録を残しておくことも有効である．なお，調査・診断の結果，経過観察を行うこととなった場合は，モニタリング等も日常点検の中で行う．

　点検の対象とする変状等は，下記の（1）～（8）に示す事項を原則とし，これに関連する周辺の状態や状況も含むものとする．これは，変状が生じている箇所の状態や状況だけではなく，周囲の漏水跡や汚れの痕跡等から，変状の原因に結び付くこともあるからである．

（1）　コンクリート・タイル等のひび割れ・欠損・剥落

（2）　防水材・塗膜等のふくれ・割れ・はがれ

（3）　漏水・漏水跡

（4）　汚れ

（5）　ドレンのつまり・はずれ

（6）　建築材料の脱落・変形（傾き）・腐食

（7）　接合部のボルト・ナットの緩み

（8）　その他の損傷（ガラスの割れなど）

　変状は仕上げの種類ごとに異なる．仕上げの種類ごとの主な変状の組合せを解説表 2.1 に示す．ただし，本標準の適用範囲である鉄筋コンクリート造の部分に関連する主な変状を挙げる．

解説表 2.1　仕上げ等の種類ごとの変状等の例

仕上げの種類	変　状　等
コンクリート打放し	ひび割れ・欠損・剥落，漏水・漏水跡，汚れ等
タイル張り，石張り	ひび割れ・欠損・剥落，漏水・漏水跡，汚れ等
防水	ふくれ・浮き・剥離，漏水・漏水跡，汚れ，ドレンつまり・はずれ
塗装	割れ，ふくれ・はがれ，漏水・漏水跡，汚れ
看板，付属金物等	漏水・漏水跡，汚れ，脱落，変形（傾き），腐食，緩み，損傷
建具	脱落，変形，腐食，緩み，ガラス割れ

　b．点検者は，建築物の所有者，管理者，またはそれらから依頼を受けた者などの場合があり，建築物の所有形態や管理状況などによっても異なる．本仕様書では，契約により管理する場合を主対象として述べるが，所有者自らが管理者として点検を実施する場合にも適用できる．

　日常点検は，専門的知識を有する技術者（目視で変状の確認ができる人：専門技術者）が実施することが望ましいが，一般的には，日常的に専門技術者を配置することは難しい．そのため，建築物の変状の確認ができ，日常点検のための教育を受けた者であれば行えるものとする．専門的知識を有する技術者については，定期点検〔3.3（定期点検の方法）b 解説〕において示す．

　なお，点検は，ビル管理業務の体制がとられている場合などでは，グループ等で点検作業を行う場合もある．

　c．日常点検の頻度および範囲は，建築物の種類および点検に関する契約形態によって異なるため，契約に基づき特記により設定することとした．点検者が，建築物に常駐する場合，通勤する場合，巡回する場合などがあり，さらに建築物の用途・規模および建築物の管理体制等によっては，一定の頻度やその範囲を定めることが難しい場合もあるため，建築物や点検の対象物ごとにその頻度や範囲を別に定めることもできる．

　例えば，小規模な建築物では，一定の曜日を点検日として行う方法等もあるが，大規模な建築物では，毎日の点検時間や点検範囲を定めて，1 週間程度で建築物全体を点検できるようにする等の工夫が必要である．また，降雨の頻度によって，あるいは落葉・粉塵等によってドレンつまりなど

が生じ，排水されないで防水層の上端を越えて漏水が発生するような場合もあり，停電発生，通信線損傷，鋼材の腐食の進展につながる可能性もある．このような場合には，頻度を多くして点検を行うことも重要である．

　特に，材料や部品等の脱落，接合部の緩み，ガラスの損傷などが生じ，これらが高所から第三者や居住者に落下した場合，人命に及ぼす影響は甚大であり，建築物の所有者・管理者等の責任も重大なものとなるため，日常点検の頻度と範囲を適切に定めておくことは，非常に重要である．

　なお，参考として，解説表 2.2 に「建築保全業務共通仕様書」[1] および「マンション標準管理委託契約書」[2] で定義される「日常点検」を示す．

解説表 2.2　日常点検の定義（例）

建築保全業務共通仕様書	「日常点検」とは，目視，聴音，触接等の簡易な方法により巡回しながら日常的に行う点検をいう．
マンション標準管理委託契約書	管理員業務の業務内容として，勤務時間内における日常的な建物，諸設備および諸施設の外観目視点検とされる．

　d．点検の記録は，必ず残す．記録媒体は，記録用紙でも，電子媒体（表計算ソフト・文書ソフト・写真記録等）でも構わない．ただし，記録日時・記録部位・記録者・変状のある場合は変状の程度等について，後から参照できるように整備しておく．

2.3　保　　守

> 　点検者は，日常点検において，確認された変状のうち，軽微な作業により対処できるものについて措置し，その内容を記録し，依頼者に報告する．

　保守の目的は，対象とする建築物の初期の性能および機能を維持することであり，点検者が日常点検の巡回時などに自ら措置できるものを保守の対象とする．保守の内容は，点検者が単独で行える小部品の交換，ねじの締付けなどの軽微な作業とする．また，屋上や屋根のドレンつまりの解消や，接合部のボルト・ナット緩みの締付け，その他の損傷事象の復旧作業において，点検者の安全が確保できる範囲で行える程度の作業範囲とする．

　なお，日常点検の契約において，点検者が自ら措置することができるドレンのつまりや軽微なボルトの緩みなどを保守の範囲とする場合は，契約においてこれらを実施する旨を明記しておく必要がある．また，保守を実施した場合は，点検者が保守の内容を記録し，依頼者に報告しなければならない．

2.4　応 急 措 置

> 　点検者は，部材・部品の落下，飛散等のおそれや漏水がある場合は，応急措置を講ずるとともに，速やかに，その内容を依頼者に報告する．

　応急措置は，部材・部品の落下，飛散等のおそれや漏水がある場合に行うもので，保守では対応

しきれない変状であることが多い．応急措置の例を以下に示す．

・　落下，飛散等のおそれがある部分（タイル，コンクリート片，破損ガラス，看板等）の除去
　　またはネットやシートによる落下防止措置

・　落下，飛散等のおそれがある区域に対する立入禁止等の危険防止措置（解説図 2.1 に示す範
　　囲）

・　漏水発生箇所のシートや簡易な止水材料による止水措置

　応急措置は，その内容と実施について事前に依頼者の承諾を得ておくか，またはその行為につい
て依頼者の承諾を得ることが必要である．タイル，コンクリート片，破損ガラス，看板等が高所か
ら第三者や居住者・通行人などに落下した場合，人命に及ぼす影響は甚大である．特に，建築物の
壁面タイルなどでは，剥落による事故の危険性のある範囲として，壁面高さの 2 分の 1 の範囲を災
害危険度の大きい部分と位置付けている．また，建築物の所有者・管理者等の責任も重大なものと
なるため，緊急と判断される場合には，依頼者への事後の承諾もやむを得ない場合もある．応急措
置を施した内容は，速やかに，その内容を依頼者に報告するとともに，日常点検〔2.2（日常点検
の方法）d〕に準じて記録する．

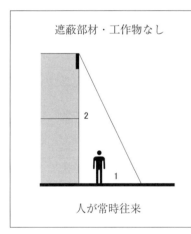

遮蔽部材・工作物なし

2

1

人が常時往来

「災害危険度」の大きい壁面
　当該壁面の前面かつ当該壁面の高さの概ね 2 分の 1 の水平面
に，公道，不特定または多数の人が通行する私道，構内道路，広
場を有するもの．
　但し，壁面直下に鉄筋コンクリート造，鉄骨造等の強固な落下
物防御施設（屋根，庇等）が設置され，または植込み等により，
影響角が完全にさえぎられ，災害の危険が無いと判断される部分
を除くものとする．

解説図 2.1　落下により歩行者等に危害を加えるおそれのある部分[3]

2.5　報　　告

a．点検者は，日常点検の結果を保守の内容を含め，依頼者に定期的に報告する．
b．点検者は，応急措置を行った場合は，その都度その内容を依頼者に報告する．

　a．日常点検の報告は，特に異常が見当たらない場合は，日報や週報などに日常点検の結果を記
載する項目欄を設け，「異常なし」あるいは「変化なし」等とすることでも十分である．点検者は，
日常点検および保守や応急措置の記録をその契約内容に応じて，依頼者に報告する．なお，所有者
自らが点検した場合には，報告に替えて記録を残す．

　ただし，建築物に変状が確認された場合は，点検記録写真シート等〔解説表 3.3 を参照〕を活用し，
依頼者へ速やかに報告する．報告には後から参照できるように，記録日時・記録部位・記録者・変

状のある場合は変状の程度等を記載するのがよい．また，記録媒体は，日報や週報などの記録用紙でも，電子媒体（表計算ソフト・文書ソフト・写真記録等）でもよいが，容易に参照できるようにしておく．特に，第三者へ被害を及ぼす可能性のある事項は必ず報告する．また，日常点検で省略した範囲（省略した理由も記載）については，次回以降の対処を示しておくとよい．

解説表 2.2 日常点検報告の例

物件名　○○○○ビル		

日常点検報告　　　　　　　　　　　　　　　　　　　○○○○ビル管理㈱

日付	○○年○○月○○日　（　）		○○長	○○長	点検者
点検者	○○　○○				
備考					

時刻	点検結果	報告事項		
9：00～11：00	屋上防水層の異常	①	有・無	
11：00～12：00	屋上ドレンのつまり	②	有・無	
13：00～15：00	○階～○階	③	有・無	
15：00～17：00	地下○階	④	有・無	
		⑤	有・無	
		⑥	有・無	
		⑦	有・無	
		⑧	有・無	
		⑨	有・無	
		⑩	有・無	

報告事項

②ドレンのつまり，異物除去で措置済み

b．応急措置の記録は，前項の日常点検報告等を活用し，措置状況の写真とその内容を記録する．また，特に建築物に著しい変状が確認された場合には，その旨を依頼者に報告する．報告は，2.2項dの日常点検の記録とともに，調査・診断を実施する場合の重要な資料となる．

参 考 文 献

1）一般財団法人建築保全センター：建築保全業務共通仕様書及び同解説（平成30年版），平成30年12月

2）国土交通省：マンション標準管理委託契約書，平成15年4月

3）建設省住宅局建築技術審査委員会：剥落による災害防止のためのタイル外壁，モルタル塗り外壁診断指針，平成2年3月

3章　定期点検

3.1　基本事項

> 定期点検は，建築物の状態を定期的に把握するとともに，必要に応じて適切な措置を施すことを目的とする.

　定期点検は，日常点検で点検を行わない箇所や日常点検の箇所を詳細に点検し，一定期間ごとに変状を確認するために行う．そのため，日常点検より積極的に変状を探そうとする行為といってもよい.

　日常点検は，建築物の所有者が自ら行う場合もあるが，定期点検は，依頼者との契約に基づき行うことを基本とし，その範囲，方法については，建築物の使用目的や使用環境により決定する.

　点検者が，変状を確認した場合，必要に応じて適切な措置を行うのは日常点検と同様である．定期点検の範囲と対象とする変状は 3.2 節，保守は 3.3 節，応急措置は 3.4 節，報告は 3.5 節による.

3.2　定期点検の範囲と対象とする変状

> 定期点検の範囲と対象とする変状は，特記による.

　定期点検の範囲と対象とする変状は，特記による．参考として，点検の対象となる代表的な変状の例を解説表 3.1 に示す．ここに示される以外の変状についても，建築物によっては生じ得ると考えられる場合は，それらを特記する.

　なお，本仕様書の適用範囲は，鉄筋コンクリート造建築物の壁，柱，床，梁などの主要構造部および屋根，階段などの主要構造部以外の部材，外装仕上げ，屋根防水，その他建築物に付帯する看板や門塀などの工作物であり，設備については対象外ではあるが，設備の点検も同時に行われる場合もある.

解説表 3.1　点検の対象と代表的な変状の例

点検の対象	代表的な変状の例
コンクリート打放し仕上げ	汚れ・さび汁の付着，表面脆弱化，ひび割れ，エフロレッセンス，漏水・漏水跡，欠損，剥落，鉄筋露出
陶磁器質タイル張り・張り石仕上げ	汚れの付着，ひび割れ，水漏れ，エフロレッセンス，さび水の付着，浮き，ふくれ（はらみ），欠損，剥落
セメント系成形板・ALC パネル類	表面脆弱化，ひび割れ，欠損，剥落，取付け部の劣化，ALC パネル，内部鉄筋の露出
金属板・金物類	汚れの付着，表面の孔食，塗膜劣化，腐食（貫通腐食・変形），白さび，赤さび，断面欠損，取付け部の緩み・腐食
開口部（建具・窓等）	塗膜劣化，金属材料の表面腐食・断面欠損，作動不良，ガラスの失透・割れ・破損，シーリング材・ガスケットの劣化・枠からのはずれ
屋上防水	ひび割れ，減耗，ふくれ，損傷（穴あき・外傷），剥離，破損，破断，ドレンのつまり
手すり・看板等	塗膜劣化，部材の表面劣化，取付け部の腐食・強度低下，周辺の割れ・損傷
塗装・吹付け	塗膜の汚れ付着・光沢低下・変退色・白亜化・摩耗・ふくれ・割れ・はがれ，素地または下地の劣化
目地充填材	しわ，汚れ付着，変退色，白亜化，変形，軟化，目地からのはずれ，剥離，破断

3.3　定期点検の方法

> a．定期点検の方法は，目視を基本とし，必要に応じて簡易な道具を用い，建築物の状態を把握する．
> b．点検者は，点検に関する専門的知識を有する技術者とする．
> c．定期点検に際しては，保全の履歴を確認する．
> d．定期点検の頻度は，特記による．
> e．定期点検の結果は，記録する．なお，変状のある場合は，写真による記録も行う．

　a．定期点検の方法は，日常点検と同様に，建築物を巡回し，外観の目視による点検を基本とするが，手の届く範囲の触診なども含む．目視により，変状が確認されたものについては，カメラ等を用いて写真撮影をして記録する．また，変状が確認される前の状態と比較が容易となるよう，変状が確認できた箇所と同様の変状が生じる可能性がある箇所をカメラ等で撮影しておくことも有効である．必要に応じ，打検ハンマーやクラックスケールなどを用いる．

　b．定期点検は，日常点検とは異なり，建築物の所有者，管理者から依頼を受けた専門知識を有する技術者が行うこととする．専門的知識を有する技術者とは，以下に示す有資格者などが想定される．

・　一級建築士・二級建築士・一級建築施工管理技士・二級建築施工管理技士（建築・躯体・仕上げ）・特定建築物調査員（国家資格）

- 建築仕上診断技術者，建築・設備総合管理士（（公社）ロングライフビル推進協会）
- マンション改修施工管理技術者（（一社）マンション計画修繕施工協会）
- マンション維持修繕技術者（（一社）マンション管理業協会）
- コンクリート診断士（（公社）日本コンクリート工学会）
- 建築仕上げ改修施工管理技術者（（一財）建築保全センター）

c．事前の契約段階において定期点検における重点箇所を定め，定期点検の具体的かつ詳細な内容を定めるために，保全の履歴を確認する必要がある．そのため，定期点検を実施する場合は，従前の保全に関する履歴や事故等に関する履歴についての書類確認や聞き取りを行う．定期点検は，日常点検の実施状況も考慮して実施される点検であることから，従前の履歴を確認することも重要である．日常点検で保全に関する記録のある箇所や補修・改修履歴のある箇所を重点的に点検することにより，新たな変状の発生を未然に防ぐことにもなる．

d．点検の頻度は，建築物の所有者または管理者との契約で特記として定める．特記のない場合は，1年に1回以上行うのが望ましい．これにより，例えば，本仕様書で対象とする建築物の構造体が，気温の影響による膨張・収縮などに起因する変状を生ずることが予想される場合には，ある一定の季節ごとに年次の点検を行うことにより，変状等の発生や進行を把握することが可能となる．

点検の頻度を特記とした理由は，建築物の点検に関する契約状況等の実情に応じて柔軟な運用ができるように配慮したためである．頻度を多くすることで，必ずしも変状の検出精度が高くなるともいえず，計画的な点検の実施がより重要である．

定期点検の頻度については，建築物の種類に応じた仕様書，委託契約書などで定められる場合もあり，その例を以下に示す．

- 公共建築物：建物保全業務共通仕様書（国土交通省大臣官房官庁営繕部編）
- 分譲マンション：マンション標準管理委託契約（国土交通省）
- 賃貸住宅：住宅の標準賃貸借代理および管理委託契約書（国土交通省）

e．点検結果の記録は，必ず残す．記録媒体は，記録用紙でも，電子媒体（表計算ソフト・文書ソフト・写真記録等）でもよく，記録日時・記録部位・記録者・変状のある場合は変状の程度等・保全の記録は，後から参照できるように整備しておく．

定期点検の結果は，建築基準法第12条に定められている「定期調査報告」による調査・点検制度への活用も想定しているが，その場合の資格者，報告書式については，法に準じる．

3.4 保　守

> 点検者は，定期点検において，確認された変状のうち，軽微な作業により対処できるものについて措置し，その内容を記録し，依頼者に報告する．

保守の目的は，対象部位や部品等の初期の性能および機能を維持することである．点検者の保守の範囲は，ドレンのつまり・はずれ，接合部のボルト・ナットの緩み，その他の損傷において，点

検者の安全が確保できる程度とし，あらかじめこの点検の契約において実施する旨明記をしておく必要がある．保守を行う者は点検者とするが，調査・診断を必要としない変状であっても，広範囲の汚れの除去や長い距離にわたる側溝の汚泥物の除去などは，専門工事業者による作業が必要な場合もある．

3.5 応急措置

> 点検者は，部材・部品の落下，飛散等のおそれや漏水がある場合は，応急措置を講ずるとともに，ただちに，その内容を依頼者に報告する．

応急措置については，基本は日常点検〔2.4（応急措置）〕と同様である．応急措置の内容は，3.3（定期点検の方法）eに準じて，記録して依頼者に報告する．

3.6 報　告

> a．点検者は，保守の内容を含めた定期点検の結果を速やかに依頼者に報告する．
> b．点検者が応急措置を行った場合は，その内容を依頼者に報告する．なお，調査・診断が必要と判断された場合も，その旨を依頼者に報告する．

a．点検者は，定期点検の結果および保守を実施した場合はその内容を記録し，速やかに依頼者に報告しなければならない．定期点検の報告は，部位・箇所，点検日，天候，点検者，点検方法，状態を点検記録など〔解説表3.2「定期点検チェックシートの例」，解説表3.3「点検記録写真シートの例」を参照〕に記入するとともに，変状の部位，状況が分かるように図面等へ記入して，依頼者へ提出する．

また，点検者は，建築物に著しい変状が確認され，調査・診断が必要と判定された場合には，その旨を依頼者に報告する．これは，外壁（コンクリート片やタイル）の剥落のおそれがある場合や，保守あるいは応急措置では対応できないような場合等であり，その変状の原因の特定等が必要と考えられる場合である．

b．応急措置の記録は点検記録写真シート等を活用し，応急措置の前後の写真とその措置内容を記載する．3.3節eに示した定期点検の記録とともに，調査・診断の重要な資料となるため，応急措置の都度，依頼者に提出する．応急措置は，第三者に被害を与える可能性のある事項も含むため，依頼者である建築物の所有者や管理者が，状況を把握して責任を持たなければならない．

解説表 3.2　定期点検チェックシートの例

定期点検チェックシート		
物件名		点検日　　年　　月　　日
点検者		所属：
点検方法		
点検範囲		
点検結果	①　敷地および地盤	
	地盤の変状　有□　無□　　　塀・擁壁の変状　有□　無□	
	②　外壁等の変状	
	外壁のひび割れ・欠損	有□　無□
	鉄筋の露出やさび汁	有□　無□
	塗膜のはがれ，白亜化	有□　無□
	タイル・モルタルの浮き・剥落	有□　無□
	付属金物のさび・破断	有□　無□
	③　屋上，屋根等の変状（漏水の有無　有□　無□）	
	コンクリート・モルタルのひび割れ・欠損・浮き	有□　無□
	鉄筋の露出やさび汁	有□　無□
	保護層のせり上がり	有□　無□
	防水層のずれ・はがれ・破断	有□　無□
	付属金物のさび・破断	有□　無□
	ドレンの詰まり，植物の繁茂，排水不良	有□　無□
	④　外廊下・外階段の変状	
	壁・天井面のひび割れ・欠損，鉄筋の露出やさび汁	有□　無□
	塗膜のはがれ，白亜化	有□　無□
	タイル・モルタルの浮き・剥落	有□　無□
	排水不良	有□　無□
	手すりのさび・ゆるみ・がたつき	有□　無□
	⑤内壁等・天井	
	壁・天井面のひび割れ・欠損，鉄筋の露出やさび汁	有□　無□
	塗膜のはがれ，白亜化	有□　無□
	タイルの浮き・剥落	有□　無□
	付属金物のさび・破断	有□　無□
	内装材の浮き・はがれ，白亜化	有□　無□
	漏水の痕跡	有□　無□
	⑤　看板等建築物付属物	
	破損・さび・破断・がたつき等	有□　無□
調査・診断の要否		

解説表 3.3 点検記録写真シートの例

① 2階南面バルコニー手すり（X○通り/Y○通り）：外壁

日時：○年○月○日○時
天候：晴れ
記録者：○○
状態：
手すり埋込み部コンクリートの欠損

② 3階西面（X○〜○通り/Y○通り）：外壁タイル仕上げ

日時：○年○月○日○時
天候：晴れ
記録者：○○
状態：
タイル外壁に生じたエフロレッセンス

③ 屋上（X○〜○通り/Y○〜○通り）：防水層

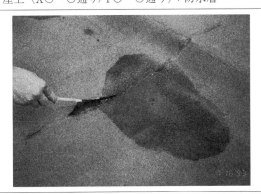

日時：○年○月○日○時
天候：晴れ
記録者：○○
状態：
屋上防水層の接合部の剥離

④ 屋上（X〇通り/Y〇～〇通り）：防水層立上り	
	日時：〇年〇月〇日〇時 天候：晴れ 記録者：〇〇 状態： 防水層立上がり部の剥離

⑤ 3階階段室（X〇通り/Y〇～〇通り）：内壁	
	日時：〇年〇月〇日〇時 天候：晴れ 記録者：〇〇 状態： 内階段内壁のひび割れ

⑥ 塔屋外壁（X〇通り/Y〇通り）：看板等建築物付属物	
	日時：〇年〇月〇日〇時 天候：晴れ 記録者：〇〇 状態： 塔屋タラップの取付け金物に生じたさび

4章　臨時点検

4.1　基本事項

> 臨時点検は，外壁の剥落，著しい漏水などが発生した場合，または地震，台風，火災等の発生後に，所有者等の依頼に応じて，それらの建築物への影響を把握することを目的として実施する.

　臨時点検は，日常点検，定期点検と異なり，不定期に契約範囲外で臨時に所有者等が依頼するもので，特に人命に被害を及ぼす可能性のある事項に関しては，最優先に実施する必要がある. また，臨時点検の動機は，外壁の剥落や著しい漏水など，第三者の人命や財産に被害を与える影響のある事項や建築物の機能として通常の使用に支障をきたすおそれのある事項であり，所有者・管理者等から依頼された目的を勘案し，点検が実施されなければならない.

　例えば，一見して目視による変状のない場合でも，地震，台風，火災等の発生後には，臨時点検を行う必要がある. 地震や台風などが発生した場合には，常時の荷重条件や経年による変状では発生しない箇所に変状が発生する場合があり，より入念な点検が要求される.

　そのため，臨時点検は，建築物の所有者，管理者から依頼を受けたそれぞれの点検の対象物に応じた専門的知識を有する技術者が行うことが望ましい. 例えば，鉄筋コンクリート造の構造体への影響が懸念されるような場合には，コンクリート診断士が適していると考えられる. 専門的知識を有する技術者とは，3.3（定期点検の方法）bに示す有資格者などを参照されたい.

　なお，大地震等が発生した場合には，建築物の所有者や管理者からの依頼に基づかない状況があり，民間の依頼による調査等が行われる前に，二次被害を防止する目的もあるため，行政から依頼された応急危険度判定員による応急危険度判定が行われる場合もある. また，鉄筋コンクリート造建築物が火災を受けた場合の臨時点検については，本会編「建物の火害診断および補修・補強方法指針・同解説」（2015）[3] を参考にするとよい.

4.2　臨時点検の範囲と方法

> a．臨時点検の範囲と方法は，3.2（定期点検の範囲と対象とする変状），および3.3（定期点検の方法）による.
> b．臨時点検の結果は，記録する. なお，変状のある場合は，写真による記録をする.

　a．臨時点検の範囲と実施方法は，原則として3.2（定期点検の範囲と対象とする変状），3.3（定期点検の方法）に準拠して，依頼の目的によりその内容を依頼者と協議して決定する. ただし，臨時点検は，一般には緊急に行うことが多く，想定しない変状が発生している可能性がある. また，点検の範囲および方法は，点検の進捗に応じて随時，追加・変更される場合もあるため，定期点検

の実施範囲および方法に準拠して行うとともに，追加の範囲や方法を検討することもありうる．

　b．臨時点検の結果は，解説表 3.2 に示す定期点検チェックシートおよび解説表 3.3 に示す点検記録写真シートを参考に記録して，調査・診断の基本資料とする．

4.3 応急措置

> 　部材・部品の落下，飛散等のおそれや漏水がある場合は，応急措置を講ずるとともに，ただちに，その内容を依頼者に報告する．

　基本的には，日常点検および定期点検における応急措置と同様であるが，臨時点検の応急措置は，緊急性がより高く，その内容も多岐にわたる．

　応急措置は，部材・部品の落下，飛散等のおそれや漏水がある場合に行うもので，地震，台風，火災等による変状が特殊な状態であることも多い．通常の保守の措置では対応が難しい変状を対象として，部材・部品の落下，飛散等のおそれや漏水がある場合に行う．

　また，臨時点検における応急措置は，社会的な影響を最小限に抑えるという視点も必要である．例えば，応急措置として，具体的には以下のようなものがあげられる．
（1）　落下，飛散等のおそれがある部分（タイル，コンクリート片，破損ガラス，看板等）の除去またはネットやシートによる落下防止対策，建築物周囲の誘導措置
（2）　落下，飛散等のおそれがある区域への立入禁止等の危険防止措置対策（解説図 2.1 に示すような範囲），建築物周囲の誘導措置
（3）　漏水発生箇所のシートや簡易な止水材料による止水措置
（4）　建築物の所有者・管理者・居住者・設計者・施工者等への連絡

　応急措置は，上記の内容について事前に依頼者の承諾を得ておくか，またはその行為を行うことについて，依頼者の承諾を得ることが必要である．

　さらに，臨時点検による応急措置は，日常点検や定期点検時における応急措置より危険な場合もあるため，点検者の安全を確保して，二次災害に遭遇しないように最善の注意を払う必要がある．また，応急措置は，専門工事業者を手配しなければならない場合もある．

4.4 報　　告

> 　点検者は，変状の有無・内容，および調査・診断の要否を含む臨時点検の結果を速やかに，依頼者に報告する．

　臨時点検は緊急を要する場合が多く，点検の結果は速やかに依頼者へ報告する．

　建築物に著しい変状が確認され，より詳細な調査・診断が必要と判定された場合には，点検記録写真シート等〔解説表 3.3 参照〕を活用し，その旨を依頼者に報告する．

参 考 文 献

1）一般財団法人建築保全センター：建築保全業務共通仕様書及び同解説（平成 30 年版），平成 30 年 12
　月
2）一般財団法人日本建築防災協会：特定建築物定期調査業務基準（2016 年改訂版）
3）日本建築学会：建物の火害診断および補修・補強方法　指針・同解説，2015

建築保全標準・同解説

JAMS 1-RC 一般共通事項——鉄筋コンクリート造建築物
JAMS 2-RC 点検標準仕様書——鉄筋コンクリート造建築物

2021 年 2 月 25 日　第 1 版第 1 刷
2022 年 8 月 25 日　第 1 版第 2 刷

編　集 著作人	一般社団法人　日本建築学会
印刷所	昭和情報プロセス株式会社
発行所	一般社団法人　日本建築学会

108-8414 東京都港区芝 5 - 26 - 20
電　話・(03) 3456 - 2051
F A X・(03) 3456 - 2058
http://www.aij.or.jp/

発売所　丸善出版株式会社
101-0051 東京都千代田区神田神保町 2 - 17
神田神保町ビル
電　話・(03) 3512 - 3256

Ⓒ日本建築学会　2021

ISBN978-4-8189-1090-4 C3352